靖國神社のみたまに仕えて

靖國神社第八代宮司
湯澤 貞

展転社

靖國神社宮司時代の著者

平成 15 年 8 月 15 日　靖國神社の放鳩式での著者

平成 22 年 8 月 31 日
シベリア抑留戦歿者慰霊祭で
祝詞を奏上する著者

平成 22 年 8 月 31 日
シベリア抑留戦歿者慰霊祭での
神屋宗太郎氏（左）と著者（右）

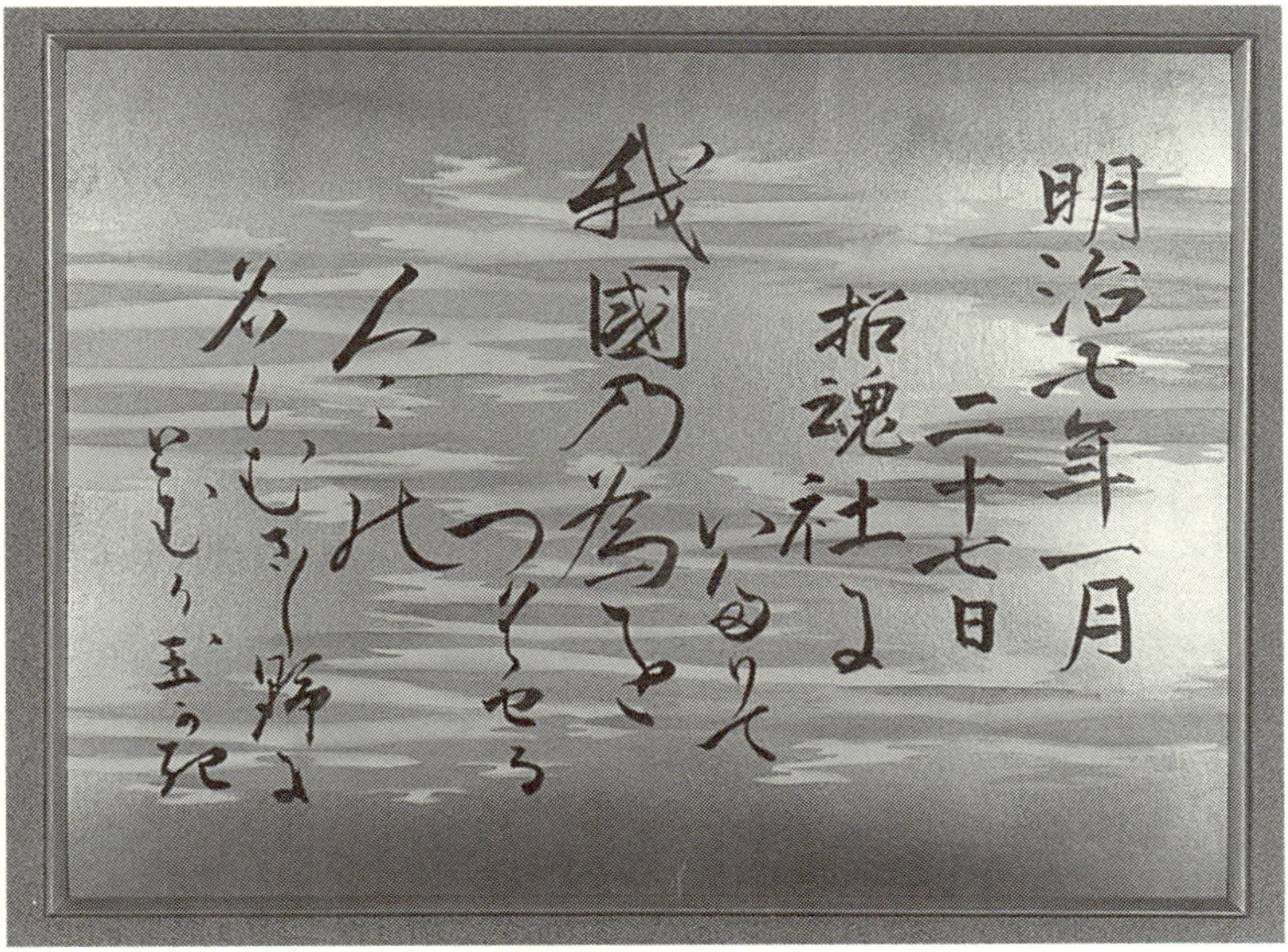

明治天皇御宸筆の御製

明治七年一月
二十七日
招魂社に
いたりて
我國の為を
つくせる
人々の
名もむさし野に
とむる玉かき

奉頌歌　靖國神社の歌

作詞　細渕國造
作曲　陸海軍軍楽隊

一、日の本の光に映えて
盡忠の雄魂祀る
宮柱太く燦たり
あゝ大君の御拝し給ふ
榮光の宮　靖國神社

二、日の御旗斷乎と守り
その命國に捧げし
ますらをの御魂鎮まる
あゝ國民の拝み稱ふ
いさをしの宮　靖國神社

三、報國の血潮に燃えて
散りませし大和をみなの
清らけき御魂安らふ
あゝ同胞《はらから》の感謝は薫る
櫻さく宮　靖國神社

四、幸御魂幸はへまして
千木高く輝くところ
皇國は永遠《とは》に嚴たり
あゝ一億の畏み祈る
國護る宮　靖國神社

はじめに

靖國神社は明治二年に東京招魂社として出発し、明治十二年に靖國神社と御改称。招魂社という呼称では、神様をお招きして、祭典が終わればお帰りいただくという感覚になる。そこで、永久にみたまを祀るお社《やしろ》という意味の名前にしたいという案が浮上し、明治天皇の思し召しがあり、「靖國神社」と御改称になられた。「靖國」の「靖」という字の意味は「安」と同義で、安国すなわち穏やかな国、平和な国という意味である。靖國神社の神々は、世の中の穏やかで平和な国をめざす神々といってよい。そして、別格官幣社という社格で、しかも勅祭社という御待遇をいただいた。

別格官幣社は、官国弊社という制度のなかの一つで、生前は臣下だった者が神として祀られたときに与えられる制度である。靖國神社はその別格官幣社に列格した。また御創建以来、皇室から勅祭社という特別な待遇をいただいている。勅祭社は伊勢の神宮を頂点として十六社ある。そのうち十五社は官幣大社であり、出雲大社、熱田神宮、明治神宮、平安神宮、橿原神宮、石清水八幡宮、春日大社、氷川神社など全国でも有数の大社である。そのなかにただ一社、別格官幣社である靖國神社が含まれている。これは、明治天皇がいかに靖國神社に祀られるみたまを大切にお考えになられていたかという証左になると思う。

靖國神社に祀られているみたまは、国のためというただ一点のために、尊い命を国に捧げて散華された。よって、今日に生かされている我々は、靖國神社の神々に限りない感謝の誠を捧げなければならない。

勅使参向の回数は、伊勢の神宮が通常の年は三回で一番多い。その次は靖國神社で、春秋の二度の例大祭に参向いただく。他の大社は年に一度であり、なかには十年に一度というお社もある。このように、勅使参向の面でも、靖國神社は丁重にお取り扱いいただいている。

奉頌歌「靖國神社の歌」に、「日の本の光に映えて　盡忠の雄魂祀る　宮柱太く燦たり　あゝ大君の御拝し給ふ　榮光の宮　靖國神社」とあるように、臣下のみたまに対し、国のために散華されたという一事に、天皇陛下は頭を垂れ給うのである。

例えば、一人息子を戦場に送り出し、赫々《かくかく》たる武勲をたて家の誇りと喜んだが、戦陣に斃れ、白木の箱に包まれて無言の凱旋。家にあっては両親が朝夕に心を込めて供養しているだろうが、逆縁の悲しさ、やがて両親も他界すると無縁のみたま、無縁の仏になってしまう。しかし、靖國神社に祀られることによって、靖國の神と崇められて、陛下の御親拝を受けることになる。また、多くの参拝者も感謝の祈りを捧げてくださるのである。

明治維新以来、国のために命を捧げたみたまに、靖國の神として靖國神社の存する限り、毎日朝な夕な人間でいうところのお食事を差し上げて慰霊の誠を捧げている。

昔から「神は人の敬により威を増し、人は神の徳により運を添う」と言われている。神の恵みは目には見えないけれども、必ず見守っていてくださる。靖國神社のみたまのために、限りない御崇敬をお願いするものである。

みたまのお一人お一人が家の大黒柱となるべき人で、わが家の一大事を顧みることなく、国のために尽くされた一事を、私どもは決して忘れてはならない。そして、靖國神社の神燈《みあかし》を高く掲げ誇りを胸に、堂々と邁進しよう。

靖國神社の忠霊に崇敬の誠を捧げる。

カバーデザイン　古村奈々＋Zapping Studio

目次

靖國神社のみたまに仕えて

第四章　靖國神社の神に仕えて

第一章　戦後の神社界

戦前の神社

今年（平成二十七年）は、昭和天皇の「堪へ難キヲ堪へ忍ヒ難キヲ忍ヒ」との大御心を拝して七十年である。大東亜戦争の終結は、国家に大変革をもたらしたが、神社神道にも容易ならざる大変革を強いることとなった。その混乱期に立ち向かわれた先人の苦労は筆舌に尽くし難い。そのお陰を被って現在の神社界が存在するのだが、「喉元過ぎれば熱さを忘れる」のである。よって、現状を考えるにあたり、まずは七十年前を振り返ってみる必要がある。

その前に、戦前の神社について見ておきたい。戦前の神社は国家管理されており、官社（官国幣社、別格官幣社）と民社（府県社、郷社、村社、無格社）に分けられ、神宮は内務大臣の直轄、他の官社は内務省の管轄（のちに神祇院）だった。祭祀は、神宮祭祀令、官国弊社以下は神社祭祀令にしたがって奉仕していた。

明治維新後は王政復古と祭政一致を目標とし、古代に倣い、敬神思想をもって国民道徳を固めようとした。旧幕時代の神社は、老中より下位の寺社奉行の下に置かれていた。明治元年二月、明治政府は神祇《じんぎ》事務所を置いた。四月には太政官を設け、神祇官は議政、行政、会計、軍務、外国、刑法の上にした。七月には太政官から神祇官を独立させ、王朝の昔に還る。ところが、四年八月には神祇官を神祇省と改称して太政官の下に置き、翌五年三月にはこれを廃して神仏を共管する教部省を設置したのである。

心ある人々は、実に遺憾なこととして、神祇官再興の運動をおこす。しかし、明治十年には教部省が廃され、神社事務は内務省の一部局たる社寺局が担当することとなった。二十九年には貴族、衆議両院で建議案が可決され、三十三年には社寺局も廃され、神社、宗教の二局となった。さらに、大正二年には宗教事務を司る宗務局が文部省に移され、神社事務は内務省の神社局で行うことになったのだ。

紀元二千六百年奉祝式典の前日、神祇院官制が公布（十一月九日）され、内務省の外局として二局七課を有する神祇院が設置されている。

ＧＨＱの進駐

海軍の軍人が作った「八月や六日九日十五日」という俳句がある。ただ数字を並べただけの俳句だが、これには深い理由がある。八月というのは昭和二十年の八月のことだ。六日は残虐な原子爆弾が広島に投下された日である。九日は長崎に原爆が落とされた日であり、さらにソ連が中立条約を破って参戦してきた日でもある。そして十五日は、昭和天皇がポツダム宣言を受諾した旨の大詔を発せられた日である。

陛下の玉音を謹聴した国民は宮城前や靖國神社の大前に跪《ひざまず》いて、「自分たちがいたらないためにこのような結果になった」と、陛下に、また忠霊にお詫びする姿があった。この現象は東京だけでなく、全国的に見られたらしい。

ここから戦後の苦難がはじまった。なかでもＧＨＱから今度の戦争の中核にあると目された神社界は、ＧＨＱからどんな仕打ちを受けるのかという不安な日々を過ごした。少なくとも、国家の管理を離れざるをえないと考える神社関係者は多かったように思う。

戦前の神社、とくに官国弊社は、内務省神祇院の傘下の公法人で国家の管理下にあった。終戦直後の神祇院は、今後の神社のあり方について、神社界の人々の発想と異なり、皇室と縁の深い官国弊社と勅祭社を内務省から宮内省に移そうという発想にとどまった。

神社関係三団体（皇典講究所、大日本神祇会、神宮奉斎会）は、国家管理下より離脱は必至と察知し、終戦と同時に活動を開始する。終戦直後の東京は一面が空襲による焼け野原で、衣食住のどれをとっても不足していた。地方の神社関係者が上京するということは容易ではなく、交通切符の手配、宿の問題、食事もお米を持参するか村や町の役場で外食券の交付を受けて持参しなければ、町の食堂でも食事ができない有様だった。闇で食券を買うこともできたが、相当の金額だった。それぞれが苦難を乗り越えて、神社界の再建のために苦心されたのである。

八月三十日、米軍をはじめとする連合国軍は、米国のマッカーサーを最高司令官として進駐してきた。九月二日、東京湾ミズーリ艦上にて、ポツダム宣言受諾による降伏文書の調印式。翌三日、畏くも天皇陛下におかせられては、宮中三殿にこの由を御親告あそばされ、三条掌典長以下を神宮ならびに歴代御陵に御奉告のため参向せしめられた。

その後、最高司令官司令部（ＧＨＱ）が皇居前の濠端の第一相互ビルに設けられた。日本政府は存続していたが、政府の頭越しに次々と緊急勅令と言われるＧＨＱからの指令が発せられた。

九月二十七日、天皇陛下は礼服のモーニングをお召しになり、ＧＨＱにマッカーサーを訪問、翌日の新聞はそのお二人のお写真を新聞に載せた。モーニングをお召しになった陛下に対し、マッカーサーは軍服の上着も着ず、ワイシャツにノーネクタイという格好だった。そこで政府は、陛下の屈辱的な印象を国民に与えることを避けるため、この写真を載せた日刊新聞をすべて発禁処分にした。ところが、ＧＨＱがこの処分を無効としたため、新聞は公開されてしまった。これによって政府の権威は地に落ちてしまったのである。

刀剣所持の禁止令

九月十四日、ＧＨＱは民間にある銃砲や刀剣などの提出を命令した。豊臣秀吉の刀狩や明治政府の廃刀令より厳重かつ広範囲に行われた。神社の刀剣は、古来より武将らが祈願を込めて奉納したものが多い。名刀と称えられ、神社では貴重な宝物として蔵し、決して武器とは考えていなかった。その刀剣が宝物庫から持ち出されることとなった。神社の御霊代《みたましろ》としての神剣まで持ち出そうと神殿の開扉《かいひ》を迫ったり、土足で社殿に入って没収するといった不祥事も相次いだ。

占領軍兵士による神社への不敬事件は頻発した。GHQは神社神道をどのように見ていたのか。GHQの宗教文化資源課長で、神道指令を草案したケネス・W・バンス博士（当時大尉）は、当時のことを振り返って「総司令部のなかには神社神道のことをよく知らない人が多かった。神社神道は国家主義的宗教であり、軍に利用され戦争を煽り立てた。したがって、占領がはじまれば当然廃止と考えていた」と語ったそうである。

GHQの指令

十月四日、GHQは日本政府に政治的、社会的、宗教的自由に対する制限除去の件を出した。

一、政治犯の即時釈放
二、思想警察その他一切の類似機関の廃止
三、内務大臣、警察関係の首脳部、その他思想警察、弾圧活動に関係ある官吏の罷免
四、市民の自由を弾圧する一切の法規の廃止、停止を要求する強硬な「自由の指令」

を発表し、占領政策の前進に力を注ぎはじめた。

これは、治安維持法、宗教団体法の廃止を意味し、ポツダム宣言の思想、信仰の自由が命

じられたのである。思想の自由は共産主義の解放を意味し、今後の治安維持に困難が生じることとなった。

当時の山崎内相、岩田法相は、政治犯や共産党員などの拘禁の継続を表明した。ところが、この政府の姿勢も占領権力の前にはひとたまりもなかった。翌五日には帝国の国体および政治体制に反対するものとして獄に繋がれていた共産党員をはじめ、反体制勢力のリーダー三千人の釈放手続きが行われた。反体制勢力の攻治活動が占領軍に期待されていることを知った東久邇内閣は、責任を果たしえないと判断して総辞職した。

米軍の管理がはじまって一ヶ月経つと、出獄した反体制勢力のリーダーたちは、ラジオ、出版物、マスコミなどを利用して、過激な「天皇制」批判をはじめた。国内は激しい言論、激烈な主張をする集会やデモが行われ、状況が一変した。

十月八日、幣原内閣が組閣。この前後から、日本国民の精神的な伝統の本質を徹底的に破砕するためには、神社神道に対する弾圧が必要という意見がマスコミで公表されるようになる。

十月八日付けの朝日新聞には「神道の特権廃止」という記事が掲載され、その後も神道を攻撃する文章が次々に発表された。神社界には、占領軍は今後厳しい神道政策を打ち出してくると早くも察知し、活動をはじめる者もいた。しかし、政府は時局の判断に暗く、何の効果的対策も持っていなかった。

神社連盟の構想

十月になると、外電は米国務省の神道に対する特権廃止の意図を伝えた。国民は神道主義を強制されず、学校教育でも神道は学ぶ必要がなく、政府は神道施設に経済的、その他の援助を止めることを要求されるだろうと報じたのである。当時、神社関係三団体の関係者は、ポツダム宣言の意図するところを見抜き、九月下旬頃から対策について論議し、神祇院当局とも打診をしつつ研究を進めていた。

十月中旬、青年神道懇談会主宰の葦津珍彦《うずひこ》が活動を開始。神宮奉斎会の宮川宗徳と協議し、神道懇談会という形で三団体合同の初会合を持つことになった。当日の出席者は約三十名。近い将来、神社は国家管理を廃されることになる正式な指令が出されることは必定。そこで、いかに対処していくべきかを話し合った。

葦津など神青懇の面々は「民間の神道連盟を組織して神社を維持すべし」との意見を出した。そして回を重ね、小委員会をつくることが決定した。

葦津の提議した神社連盟の構想は、神社神道本来の姿に立って、今後の神社のあり方を表明にした第一声であり、「伊勢の神宮をはじめとする勅祭社と皇室に御縁の深い官国幣社は宮内省の所管に移すこと。他の神社は民間の法人組織とし、合体して全国神社連盟を組織、運営せよ」というものであった。神道指令発令以前だったので、このような発想になったのだろう。神祇院の構想も同様であった。

十一月七日、全国神職会館に於いて、神社を結合する新団体をどういう形にまとめるかという、三団体の相談会が開かれた。

この日の協議では、
一、三団体合同すること
二、発起人代表として吉田茂、秋岡保治、宮川宗徳、宮地直一、伊達巽の諸氏とする
三、準備事務局を神祇会館に置く
四、事務局構成、伊達、守屋、市川、有田、伊藤、高次の諸氏が来る十五、六日頃までに結成案の原案を作成。第一回の審議会を開く
ということが決められた。

十一月八日、熱田神宮の長谷が上京し、吉田茂やバンズと会談を行った。翌九日には神社教設立趣意書を三団体の代表が関係機関に配布し、今後の対策と趣旨を陳情した。

十三日、天皇陛下が終戦奉告のため、伊勢の神宮に賜謁。同日、新団体設立準備協議会を開催し、神社教教理大綱案を提出した。宮川は「教派とすべきでない」と管長制の連盟組織を提案し、吉田もまた公益法人組織として名称は神祇庁とするという提案をしている。

十四日、神祇庁設立趣意書を神祇院、宮内省、終戦連絡事務局を訪問し、このことを報告。さらに内務省に於いて新聞記者を通じ、新団体結成を公表した。今後の神社は国家の管理か

ら離れ、民間の氏子、崇敬者の手によって維持されるべきと、神道青年懇話会神社教案に反対した。神社制度変革対策として、一部人士の間に「日本神社教の設立を」という声があったが、これは神社の本質に背反する愚案である。

宮川は中庸を採った。

新事態に処する神社要項案要点は、

一、伊勢神宮は宮内省の所管とする

二、全国神社は財団法人組織とする

三、統一のために財団法人全国神社連盟を設立する

である。

神祇庁設立に向けて

第一回神祇庁設立発起世話人会では、三団体事務局に於いては宮川、葦津両氏の法人組織案も勘案しつつ、従前の神社教案を改め、右趣旨に添う立案、構想に改めるということで着手した。十一月十六、十七日、神祇庁発起人世話人会が開催された。三団体外の世話人として長谷、谷田部、富岡、塙、香取の諸氏が選ばれた。十六日には神祇院の参与会が開催され、十七日、最後の神社制度調査会が内務省で開催された。

第二回神祇庁設立発起世話人会は十一月十九日に開催された。三団体による設立準備世話人会は檄に応じ、さらに全国から参集した。新たに参集した世話人は高階、中島（正國）、竜山、武藤、阿部信などである。

公益法人組織の神祇庁庁規大綱案に対し、再度、管長制、教団組織の是非が話し合われた。草津は「神社教非なり」とした。事務局は成案を得るためになお研究を続ける。

第一回神祇庁設立準備委員会は二十七、二十八日の二日間、大日本神祇会館で「神社の危急存亡の此の秋」と題して開催された。全国の代表者九十二名が折からの交通難を冒し、北海道から鹿児島まで全国から馳せ参じた。発起三団体からは佐佐木講究所長、水野神祇会会長、藤岡奉斎会会長、以下全理事が出席した。佐佐木所長を座長とすることが決定し、吉田茂から経過報告があり、神祇庁設立案の趣旨が説明され、庁の開設は昭和二十一年一月一日とすること、性格は公益法人、その組織の内容など詳細の説明がなされた。そして質疑応答の結果、神祇庁の性格、機構、名称、目的、事業などの問題は第一委員会（長谷委員長）に付託し、神社の組織と階位、氏子崇敬者の件は第二委員会（高松委員長）に付託することとなった。

第一委員会は、十七日午後六時から十時まで行われた。折からの豪雨、停電のなかローソクを灯し、庁規の内容を審議した。このとき、名称を神祇庁から神社本庁とすることになった。二十八日は第二委員会。神社、階位、氏子・崇敬者、総代、財務などを論議。十二月二十二日から二十三日の予定で創立総会を開くことになった。代表は各県四名で、設立準備の中央委員は長谷外余男《とよお》、香取茂世、押見純一、富岡盛彦、矢田部盛枝、塙瑞比古、宝来正信、林栄治、乙黒清治、大田真一、鳥羽重節の十一名である。中央委員会は発起人会と協力して、庁規案の完成を十二月二日とした。

各界の名士五十九名の逮捕令が発せられ、このなかに神宮の祭主である梨本宮守正王殿下、皇典講究所副総裁平沼騏一郎、大日本神祇会会長水野錬太郎の名があり、第五十九回式年遷宮の国費中止の旨が仰せ出だされた。

十二月十五日、神道指令が出され、神社のあり方が占領政策によって一変せしめられた。

この間の十二月九日から十一日までの三日間、第一回神祇庁設立準備中央委員会を開き、佐佐木、吉田、藤巻、宮地、平木、守屋、秋岡、伊達、藤岡、宮川、矢田部、富岡、大田、林、野上、塙の諸氏が、神祇庁案を中心に予算、寄付行為について話し合った。十三日には文部、内務両省との連絡会をとっている。二十一日には第三回中央委員会を開催し、神祇本庁庁規案の詳細を審議した。この間、平本理事と市川氏は武州御嶽神社の宿坊に、庁規各条項の整備をし、「神宮を本宗とする」の字句が生まれた。

十二月二十三日、宗教法人令が公布され、皇室祭祀令と宮中祭祀令が廃止され、宮中祭祀は皇室のみの祭典となった。同日、神宮奉斎会にて三団体発起人会が開催された。神宮側から古川少宮司、神祇院からは飯沼副総裁および岸本英夫が出席し、指令による政教分離後の神宮と新団体の関係について協議した。

十二月二十八日、緊急勅令第七百十九号「新しい宗教法人令」が交付された。これは宗教団体法の廃棄に伴う処置で、民法による公益法人たらしめるという案は、宗教法人法による新団体としての発足の道が与えられた。しかし、このとき交付された宗教法人令は、神社を包括するには不便なため、政府当局でも改正案を考えることとなり、同時に神祇院の廃止も善後処置のため、翌月三十一日まで延期された。かくて元旦発足を予想された神祇本庁発足も神祇院廃止まで延期されることとなった。この年は前途多難、暗中模索の裡に暮れた。

昭和二十一年一月五日、三団体の代表として佐佐木行忠、宮川宗徳、伊達巽、平木弘の四氏が神宮に参拝した。司庁にて高倉大宮司、古川少宮司、諸課長が会同し、庁規で伊勢の神宮を本宗として仰ぐことにした。しかし、神宮と皇室のご関係からみて、ことは簡単には運べなかった。十二月二十三日、皇室祭祀令の廃止によって、国儀としての関係は表面上離れた。その結果、今後は全神社が神宮を本宗として奉戴することとなった。

一月十八日、第三回設立準備中央委員会が開催された。皇典講究所からは、佐佐木、吉田、藤巻、宮地、平木、守屋、神祇会からは、秋岡、伊達、奉斎会からは、藤岡、宮川、神社界からは、長谷、矢田部、大田、林、宝来、香取、押見の各委員が出席した。神宮からは古川少宮司、野上、小林禰宜。新団体は新しい宗教法人令に準拠し、近日中に迫った設立総会に、神社本庁庁規案と予算案を協議すること、名称は神社本庁とすることを決定した。

神社本庁が開庁

二十一年一月二十一日、神祇会館にて佐佐木行忠座長、吉田茂より神道指令発布以後の経過報告があった。そして、神社は一月末日の神祇院廃止と同時に、宗教法人令によって自動的に宗教法人となること、神宮を本宗と仰ぐことなどが明らかにされた。平木理事は、庁規案の起草者として詳細に説明し、活発な逐条審議を行った。そして、名称は神社本庁とし、目的は「惟神の大道に遵ひ、神社の興隆を図り、以って人倫の常経を講明し、普く同胞をして神恩を奉謝し、神徳を奉体せしめ、淳厚なる民風を作興し、世界人類の福祉に寄与するを目的とする」とした。その性格は「本庁は神宮を奉戴し、全国神社の総意に基き、その包括団体として之を設立する」。本庁設立の期日は、国家の神社管理廃止の翌日で、神社の運営はときを拒まず整然として切り替える準備ができたのである。

翌二十二日、庁規案や他の委員会が開催された。委員は四十七名で、神社本庁設立総会が開催された。

昭和二十年一月二十三日、全国から四名ずつ選ばれた代表約二百名が出席。佐佐木行忠が司会。庁規案の大綱が説明され、満場一致で可決した。統理は高倉篤麿、理事は古川、平木、宮川、長谷、副島。他十名は監事。神社関係三団体は解散し、昭和二十一年一月二十六日にそれぞれ解散奉告祭を斎行した。

二月二日、神祇院官制が廃止された。これにより、明治以降八十年の国家管理が廃止となった。そして、神社を包括するための宗教法人令の改正令および関係勅令省令が交付された。この日をもって、明細帖搭載の神社は宗教法人と見做されるにいたった。

二月三日、設立総会時の庁規にしたがい、神祇院廃止の翌日をもって、神社本庁が開庁した。二月六日から七日には第一回理事会が開催された。そこで、神社本庁および神社の登記のために、主管者たる統理を決定しなければならない。理事互選の結果、長谷を統理代務者にすることになった。登記が完了した二月十四日、正式に宗教法人として承認された。間に合わなければ、危うく本庁事務所がＧＨＱの接収に遭うところであった。

二月二十八日、宮川が事務総長に就任し、第一回評議員会を開催した。二十一年三月二十六日から二十八日のことである。二十八日、統理、理事、監事の選挙を行い、統理には代務者の長谷が選出された。一度はこれを受諾したが、熱田神宮の戦災復興と今日の激務に耐え難いと辞任を申し出て、鷹司宮司を推薦した。四月五日全国評議員会にて推薦され、第二代統理就任にあたり告諭を発した。

神道指令

ときは少しさかのぼるが昭和二十年十二月十五日、「国家神道、神社神道に対する政府の保証、支全、保全、監督並びに交付廃止の件」という神道指令が発令した。これがその後の神社界に与えた打撃は大きく、神社の発展に大きな影響をおよぼし、今日にいたっている。

指令の主なものは、次の通り。

一、国家や官公吏の特別保護監督の停止

二、公の財政的援助の停止

三、神祇院の廃止

四、神道的性格を持つ官公立学校の廃止

五、官立学校の神道的教育の廃止

六、教科書より神道的教材の削除

七、学校、役場などから神棚など神道的施設の除去

八、官公吏や一般国民が神道的行事に参加しない自由の確立

九、役人の資格における神社参拝の廃止

完全に国家機関との連携を断つこととしている。そして最後に「神社神道は国家から分離させられ、その軍国主義的な意思、過激的な国家主義的要素を剥奪せられたる後は、もしその信奉者が望む場合には一宗教として認められるであろう。日本人個人の宗教なり、哲学である限りにおいて、他の宗教同様の保護を許されることであろう」と、神社神道の今後のあり方を限定している。これは、近代国家で一般的に行われている政教分離（国家と教会の分

離）の概念をはるかに超えた厳しいものであった。十二月二十八日、神道指令に基づいて皇室祭祀令が廃止せられ、宮中祭祀は公的性格を否認され、皇室のみの祭典とされた。そして、十二月三十一日には「修身、日本歴史、地理停止の件」が発せられた。神道と国家を切り離し、神道を弾圧し、皇室を破壊もしくは骨抜きにして、日本が再び立ち上がれないようにしたのである。

国有境内地問題

神道指令により、今まで国家管理下にあった神社が国家と一線を画すことになった。そして、国家の機関、地方の役人、学校の教員および、教員が児童を連れて参拝するなどといった公の参拝が禁止された。さらに、それに過剰反応を示した国民が、個人の参拝まで自粛するなどといった大混乱が生じた。そして、公共施設の神棚なども撤去されるという苦悩を見た。

神道指令の主旨は、国と宗教、とくに神との分離、隔離を主とした政教分離である。その思想は宗教法人令の改正にいたり、今まで公法人だった神社が、突然私法人となった。戦前、神社は宗教にあらずという建前だった。しかし、戦後は宗教法人だと強制された。とくに靖國神社の場合、六月までに規則をつくって届け出なければ、解散したものと見做すという強硬姿勢がとられた。このことにより、考慮の時間もなく、宗教法人格を備えることになったのである。この政教分離の思想は新憲法にまでおよび、今日の混乱の原因になっている。総理大臣や閣僚が靖國神社に参拝すれば、憲法違反の疑義で訴訟問題になってしまうのである。

さて、宗教法人法と憲法の改正によって、境内地の譲与という大問題が生じた。政教分離の原則によって、国家による庇護が禁じられたからだ。当時、上地した境内地その他は、国家の財産であり、神社はそれを借用しているという形になっていた。そこで、政教分離の手前、境内地の問題は遠からず起きてくる。

神社本庁開庁後、最初に直面した難問題が国有境内地問題であった。江戸時代までは社寺が公的性格を持ち、社寺の境内地は社寺有地としていた。ところが、明治維新後、多くの社寺領地は政府へ上地され、国有財産となった。上地された境内地の寄進者は、皇室、藩主、武将、豪族、氏子などであり、各社寺によってさまざまだった。そして大正十年、国有財産法の制定により、神社境内地は国有財産中の公用財産として、寺院境内地は雑種財産として、その寺院の用に供ずる間は無償で当該寺院に貸し付けたものと見做された。

昭和十四年、宗教団体法が制定され、寺院などの法人格が明確化された。そして、財産管理体制が強化され、無償貸付されていた国有財産を、一定条件下に譲渡されることになった。これは、宗教団体を保護し、その活動を活発化ならしめるためである。

神社は国の営造物なので、この処分には関係なかった。しかし、ＧＨＱの占領政策で神社の国家管理が廃止され、国有財産法の改正により、従来の神社の国有境内地は、取り扱いが公用財産から雑種財産へとなった。そして、寺院境内地と同様、神社の用に供する間は無償貸付とするとの措置がとられた。

ところが、神社本庁創立間もない昭和二十一年三月六日に憲法改正草案が発表され、その第八十五条（現八十九条）によれば、「公金その他の公の財産は、宗教上の組織若しくは団体の使用、便益若しくは維持のためこれを支出し、又その利用に供してはならない」と規定されている。これによれば、神社側の要望であった無償譲与はもとより、現に行われている無償貸付も受けられなくなる。もし有償で買い取ることになれば、資力のない神社は自滅する以外にない。しかも、多くの神社には蓄えもなく、参拝者激減の時代でもある。大多数の神社は自滅の危険性が大であった。

神社本庁の宮川事務総長以下神社本庁当局は、ＧＨＱ、政府、議会に対し必死の工作を行った。政府は神社側の意向を了承し、かつ憲法改正の方向をも勘案して、「国有境内地譲与に関する法律」の全面改正を行うことにした。そして、この改正案はＧＨＱの承認を得て、第九十二回帝国議会に上程されたのである。

この法律によって、神社も一定条件の下、無償または時価の半額で国有境内地を手に入れるよう配慮された。その条件の大要は、現に国有境内地の無償貸付を受けており、その土地が宗教活動上必要なものであることを前提として、

一、社寺上地、地租改正、または寄贈などによって国有となったものは無償譲与を行う
二、一以外のものは時価の半額で売却す
三、宗教活動に必要と認められない土地は由緒があっても時価で売却

という条件であった。神社界にとっては生死に関わる重大問題だったが、解決困難な大問題であり、宮川総長は根気強く解決へ全力を尽くされた。

占領軍の政策の下、農地解放世論が猛烈を極めている時代であり、ともかく宗教関係の議員からよい返事をもらえないこともあったが、日本宗教連盟（安藤正純理事長）の協力を得て、懸命の工作を行った結果、昭和二十三年四月十二日に法律第五十三号として成立を見るにいたった。

この法律は、日本国憲法施行の前日の五月二日付けで施行された。薄氷を踏む思いだった。この法律の施行によって、全国六万余社の国有境内地九十万坪余、また百十一件千四百町歩の保管林が無償譲与された。それが戦後、神社の経済的基盤の確立に測り知れぬほど大きな意味を持ったことは言うまでもない。神道に対する世論が極めて冷酷であった時期に、このように運んだ宮川総長に代表される神社本庁の功績は、神社人に深く銘記されてよい。

明治神宮の境内地

「国有境内地譲与に関する法律」の改正では、明治神宮は格段の配慮を受けた。境内地譲与の条件に照らすと、明治神宮は大正九年の御創建で、条件に合わない。上地などによって国有になったのではなく、初めから国有地に御創建した神社だからだ。よって、厳密には無償譲与されないという可能性もあった。しかし、神社本庁のさらなる努力により、他の神社と同様に、内苑二十万坪が無償譲与されることになったのである。ただし、無償譲与は宗教活動に必要な土地としての内苑二十万坪だけであり、外苑は宗教活動に直接関係なしとされ、時価の半額で、十年賦で支払うことになった。

当時の明治神宮は経済的に余裕のない時代だったので、半額とはいえ巨額の支出をいかにすべきかと考慮した。苦心の末、半額譲与の土地を必要最小限にとどめることにした。そのため、今考えればもったいないことだが、苑内の道路敷きはすべて外し、絵画館の前の芝生との間の広場も外した。

その結果、変わった現象が生じた。青山通りから神宮外苑に入る正面に四列の銀杏並木がある。これが、道路敷きと共に内側一列ずつは都の所有となり、外側二列だけが明治神宮の財産となったのだ。銀杏並木は生き物なので手入れが必要で、そのときは都の担当者と協議して作業を進めることにしている。

また、有償譲与の年賦の支払いのために汲々としていた折、東京オリンピックの開催が決まり、主会場が外苑となった。そのため、神宮競技場を国に譲与した。現在の人々は、昔から国立の競技場として存在していたと思うかも知れないが、もともとは明治神宮の所有だったのだ。戦前の国体は明治神宮大会とし開催されていたのである。オリンピックのために都心に高速道路が通り、明治神宮の内苑、外苑の境内地が削られ、その代価の一部が年賦の費用に当てられた。

有償譲与に関し、例えば学生野球のメッカ、神宮球場の所有に関して、その管轄をめぐって厚生省、文部省、学生野球連盟などとの綱引きがあった。しかし、神宮絵画館に付随するということで神宮外苑の所有と決まったのである。

靖國神社の境内地

明治神宮の境内地は幸運にもほとんどが無償で返還された。しかし、靖國神社の境内地の場合、無償譲与の適用から除外されてしまった。ＧＨＱから軍国主義的神社と目され、敵視されていたからである。そのため、実際に返還されたのは、講和条約発効後であった。

適用除外のため、大切な用地を失うことになる。それは九段下、牛ヶ淵の九段会館の一画である。九段会館のある牛ヶ淵の一画は、もともと靖國神社の本殿に万が一のことが生じた場合、御避難地として神社の費用で購入した土地であった。戦前は軍人会館の用地として、神社の目的を承知の上で貸し付けていた。

戦後はＧＨＱの接収にあい、将校クラブになっていた。その頃に設立された遺族厚生連盟（のちの日本遺族会）と国との間で、ＧＨＱ撤収後は遺族厚生連盟に貸与すると決められた。ここは靖國神社の費用で入手したので、境内地無償譲与が適用されていれば、当然靖國神社に返還されてしかるべき土地である。しかし、靖國神社に相談もなく貸借契約がされてしまったのだ。異議申し立ても考えたが、相手が日本遺族会なので、穏便にすますことになった。その後、その一画に昭和館を建設することが決まった。これは目的外使用なので、国を相手に土地の返還を求める訴訟を検討した。しかし、弁護団の費用などが莫大になるため、これも断念せざるをえなかった。

第二章　靖國神社の歴史

靖國神社の御創建

徳川時代の末期、すなわち幕末になると、米国のペリー提督率いる太平洋艦隊が浦賀沖に来訪し、通商を迫った。続いて、英、蘭、仏、露の西欧各国も接近した。その圧力によって、開国、開港が喫緊の重大事となってきた。しかし、幕府の権力も漸く衰退し、解決は困難を極めた。

当時のアジア各国は西欧列強に蹂躙され、ほとんどの国が植民地と化し、隣国の支那も例外ではなかった。そのアジアの国々の轍を踏まないためにも、日本は幕府を廃し、天皇の下に一本化される必要があった。幕府側と、天皇の錦の御旗を仰ぐ新政府側との摩擦が戊辰戦争である。明治維新で、官軍、すなわち天皇の名の下に戦って斃れた方々を神として祀るため、靖國神社は創建されたのである。

明治維新と招魂祭

慶応三年十月十四日、徳川慶喜が大政奉還を明治天皇に奏上した。翌日、天皇はこれを勅許し、朝廷の小御所会議で慶喜の将軍職辞任が認められた。

そして十二月九日には「王政復古」の宣言が出された。翌慶応四年一月十五日、新政府は各国に王政復古を通告した。これにより、日本国政府とは、幕府ではなく、天皇を国家元首に戴く太政官制の形をとった政府という認識が広まる。三月十四日に「五箇条の御誓文」が公示され、明治維新の大業は精神的にもその推進の緒についた。同年五月、はやくも靖國神社御創建の発想が生じている。

明治元年九月八日は明治改元年の日である。五月はまだ慶応四年（この年が戊辰の干支）だった。鳥羽伏見の戦いにはじまる内乱を戊辰戦争と呼ぶ。政権交代をめぐる戦火は、五月には上野での彰義隊との交戦があり、夏から秋にかけて会津落城の悲劇を含む奥羽越列藩同盟の抵抗があり、五稜郭の攻防をめぐる戦争は翌年の五月十八日まで続く。

戦乱の最中にあって、はやくも新政府の太政官たちは、この度の戦火に斃れた勤皇軍の戦士たちのための慰霊招魂の祭祀施設が必要だという着想を持っていた。

慶応四年（明治元年）四月二十日付けで「東海道先鋒総督府達」が出された。官軍が有栖川宮熾仁親王を東征大総督に戴き東征し、西郷、勝会談によって江戸城の無血開城が成就した。そして、江戸城が新政府軍に引き渡された直後、東征軍の各隊長宛に「進発以来諸処の戦場で討ち死に乃至負傷した者の氏名を詳しく報告せよ」と通達した。その八日後、つまり戦死者の霊を慰めんがため、招魂祭を挙行するという旨の御沙汰である。これが戦歿将兵の招魂慰霊という着想の最も早い萌芽である。

その次は五月十日付けで、京都にあった太政官からの布告である。癸丑以来の殉難者の霊を東山に祭祀の件である。すなわち嘉永六年の黒船四隻が来航して以来の殉難者を祀るということだ。伏見以来の戦死者の霊を東山に祭祀の件（向後王事に身を亡ぼし候輩速やかに合祀）。これより後、王事に身を捧げて斃れた者たちの霊、皇室すなわち国家ために身を捧げた者を合祀すると布達している。これらから、永続的な祭祀施設としての靖國神社建立の発想の基礎づけを得たのだ。

最初の招魂祭は「東海道先鋒総督府達」によって斎行された。このときはまだ神社の創建を説くまでにはいたらず、陣中の慰霊祭と見做すべきものだった。約一ヶ月後の六月二日午前十時には、江戸城西丸大広間に東征軍発遣以来の武蔵、上総、下総、越後の戦いの戦歿者をお祀りしている。

京都の太政官布告では、七月十日、十一日の両日、川東操練場で祭典だけを斎行した。

東京招魂社の創建

戊辰の年の七月十七日、江戸を東京と改称した。そして九月八日には改元を行い、一世一元の制とした。八月二十七日、即位の礼が行われた。九月二十日には京都を御出発になられ、十月十三日に東京に御到着になられた。このときは一旦帰洛し、翌明治二年三月七日に再度東京へ御出発なされ、三月二十八日に東京に御着輦なされている。これによって、自然に東京遷都の事実が定着したのである。

朝廷と新政府の事務官に七月十日の京都川東操練場での招魂祭の本来の意図と精神を忘れず「軍務官達」をもって鳥羽伏見以来の戦死者の調査と名簿作成を重ねて命令した。天皇の「御沙汰書」によって招魂祭挙行のため、戦死者の名簿を東京の神祇官へ提出するようにとの催促を賜っている。

東京招魂社の最初の候補地は上野山であった。しかし、上野の山は去る夏の兵火のため、楼門その他多くが消失した。また、上野の山は大学、病院、公園にするという案もあり、断念した。次の候補地は九段坂上の元歩兵屯所跡だった。格別問題なかったので、ここに決定した。明治二年六月十二日、大村益次郎以下六名の新政府の高級官僚が建設場に検分に赴いた。なお、大村は明治二年十一月、暗殺の非命に斃れることになる。

六月二十八日午後五時、九段坂上の「招魂場」に仮設の急拵《ごしら》えの本殿、拝殿に清祓の儀が修せられた。翌二十九日未明（浄闇）午前二時、招魂の式を斎行した。そして午前八時には、招魂祭が斎行された。勅使、五辻安仲、知官事の宮（仁和寺宮嘉彰親王・後の小松宮）、副知官事（軍務官副知事、大村益次郎）、新政府の大官、華族、各藩代表などが参列した。奉納行事として祝砲、大相撲、花火、神楽、競馬などが催された。

明治五年五月、社殿（本殿）が落成する。ちなみに、拝殿は明治三十四年十月である。

明治十二年、靖國社神と御改称になり、別格官幣社に列格した。

御祭神の性格を定義すべき主要な因子は、嘉永六年以後という時代的限定があり、国事に身を捧げて斃れた死者である。また、維新期の殉難者の特殊な条件として、戊辰以前に国事殉難者の発生した事例は次の通りだ。

一、安政の大獄（安政六年八月から十月）
二、桜田門外の変（万延元年三月三日）
三、東禅寺事件（文久元年五月二十八日）
四、坂下門外の変（文久二年一月十五日）
五、寺田屋の変（文久二年四月二十三日）
六、等持院事件（文久三年四月二十三日）
七、天誅組大和五条の挙兵（文久三年八月十七日）
八、但馬生野の挙兵（文久三年十月十二日）
九、筑波山の挙兵（元治元年三月二十七日）
十、池田屋の変（元治元年六月五日）
十一、蛤御門の変（元治元年七月十九日）
十二、長州征伐・四境戦争（元治元年七月から慶応二年九月）

なお、大東亜戦争後、この特殊条件が復活することになる。

護る祖霊と祀る子孫との関係は、日本古来の全国土の津々浦々の村落に存在する氏神とその氏子に当たる村民との関係に重ね合わせ、その類推によって考えられることとなり、またその類推を通じて、より普遍的な姿をとってゆくことも生じたのであろう。

明治天皇の靖國神社に対する思し召しは深く、それは次の御製からも拝察できる。

明治天皇御製
我國の為をつくせる人々の名もむさし野にとむる玉かき
國の為いのちをすてしもの丶ふの魂や鏡にいまうつるらむ

戦時体制下の靖國神社

昭和十六年十一月二十六日、最後通牒であるハル・ノートを突きつけられた。そこで日本は、十二月八日に米英に開戦を通告する。戦争に突入したため、靖國神社からは春の臨時大祭・例大祭での市民の娯楽、人気の見世物興行や露店は姿を消し、催し物は奉納、武道、能、相撲のみとなった。昭和二十年四月は空襲頻発のため、相撲の奉納は神社や所轄庁の配慮があった。

十二年以降、天皇陛下は臨時大祭（英霊合祀の祭り）に毎回欠かさずお出ましになられていた。対米英開戦以来、戦勝祈願、戦勝奉告、折々総理や主要閣僚の奉告参拝があり、国難の秋の国家守護の英霊の鎮まる社《やしろ》として、靖國神社の重みは増した。臨時大祭に参列の遺族に対し総理大臣（陸軍大臣兼務）、海軍大臣の挨拶も慇懃《いんぎん》を極めた。

しかし、時局に相応して特権的な神社になったわけではない。軍需物資が逼迫し、十八年二月には金属類など非常回収の政令が公布された。これにより、寺院の梵鐘をはじめ鉄製、青銅製の文化財的記念物が兵器、弾丸などの製造用資材として献納、回収された。その波は靖國神社にもおよび、十八年二月から四月にかけて、牛ヶ淵付属地の川上操六大将の銅像、境内地の牛の像、相撲の像、玉垣外側の青銅製灯篭左右二対などが撤去、回収された。大村像の台座周囲の鉄柵も献納している。大正十年に竣工された第一鳥居は、昭和十八年七月に解体され撤去となった。再建されたのは昭和四十九年である。

昭和十九年十一月二十四日、東京市街地への初の米空軍の空襲が行われた。以後、頻度を増していく。翌二十年三月九日の夜から十日未明にかけて、下町を中心に死者七万四千人の大空襲が行われた。この夜、靖國神社境内にも大村像東側の広場に数十発の焼夷弾が落とされ、職員官舎が類焼の被害を受けた。幸い、社殿や本殿は無事であった。続いて、四月十三日夜から十四日未明の空襲では宮司の官舎が焼け、社殿後方に焼夷弾数十発が落ちたが、この度も殿社は無事だった。

こうした空襲に晒されながらも、靖國神社本来の祭祀の勤めをゆるがせにはしなかった。同年四月二十四日の宵宮、四月二十五日の臨時大祭、四月三十日の例大祭にかけて、大祭当日の勅使御差遣、二十七日の三笠宮の御参拝、二十八日の行幸奉迎と着実に行い、二十九日には大相僕の奉納を行った。

翌三十日の例大祭では、祭典中に空襲警報が発令され、勅使や参列の諸員は一時遊就館に退避した。そして、警報が解除されるのを待ち、再び祭典を続行した。

五月二十五日の夜から二十六日未明にかけての空襲では、境内一帯が火炎に包まれた。社殿も一時危険に瀕した。本殿千木の一部に焼損が生じ、遊就館や付属倉庫なども焼亡した。本殿の千木にまで被害がおよんだのだが、社殿自体は奇跡的に被害から免れた。靖國神社の警護は東京憲兵隊九段分隊である。この夜は神社西方と東北方のこれまで焼け残った地域に猛烈な火災が起こり、神社は強い煙に覆われ、火の粉もふりそそいだ。銅板葺の本殿、拝殿の屋根から炎がけぶりだしたので、十数人の憲兵が屋根に上ってこれを叩き消した。

靖國神社危うしの急報で、東部憲兵隊司令部も救援隊を繰り出した。司令部付の某伍長が拝殿前にたどり着いたとき、燃えさかる炎の明かりでくっきりと浮き出て見える本殿の千木に焼夷弾が張りつき、その先端から凄まじい火が噴出していた。一人の指令部付の下士官が太綱を持って本殿の屋根に上り、棟に跨って軍刀で千木の木部をえぐりとり、消火に成功した。

かくして、辛うじて空襲の劫火から本殿、拝殿を守りぬいた靖國神社に、八月十五日という日がめぐってくる。正午、陛下御自らラジオの電波を通し、終戦の詔書の玉音放送が流れた。午後には、はやくも靖國神社の拝殿の前に続々と人々が集まり、参道の敷石の上に跪いていてむせび泣く者もいた。

終戦直後の靖國神社

昭和二十一年二月三日、神社本庁が創立された。かくて神祇院官制廃止と同時に、間髪を入れずに神社本庁を創立した先人の苦心と先見の明に敬意を表さねばならない。

靖國神社も昭和二十一年九月に宗教法人の登記を完了している。これは緊急避難的なもので、改正法人令には靖國神社も「宗教法人と看做す」という一文があり、しかも「六月以内に規則を作り、登記をしなければ解散したものと看做す」とあって、宗教か否かの検討の余地もなく、宗教法人になった。そのため、多くの崇敬者から反対の声が上がり、祭祀法人の道なども模索した。また、国有境内地問題も発生したのは先述の通りである。

神道指令によって政教分離が明確化され、さらに宗教法人に入れられたことにより、好むと好まざるとにかかわらず、一私法人としての宗教法人靖國神社となった。さらに、昭和二十二年五月には日本国憲法が施行され、国との間に強固な政教分離の壁ができてしまった。

戦歿者の慰霊・顕彰を目的とする靖國神社は、戦後ＧＨＱの敵愾心溢れる監視の眼に遭遇することになった。公文書の記録には現れなかったが、靖國神社を焼却してしまおうと計画された。それが実行に移されれば、次は熱田神宮や明治神宮も焼かれる運命だったと思う。GHQ司令部内では焼却案に賛成が多かったようだ。マッカーサーは焼却を前に念のためにバチカン代表のブルノー・ビッテル神父に問い合わせたところ、「およそ文明国の軍隊では敵の宗教を焼くというようなことは、相手国の国民の反発を招くのみであるから、控えるべきで、仏教信者でも、基教の人も、戦歿者を靖國神社に祀るべき」と強く反対された。そのため、司令部は焼却を断念した。

宗教法人令によって国からの支出を拒否された神社は、自活の道を模索せねばならず、現状打開のために、大勢の人々に神社を訪れていただくことを願った。そこでまずは、浅草が庶民の町、銀座がハイカラーの街といわれるように、九段下から神保町方面に多くの学生がいるので、その学生を対象とした歓楽街にすべく計画、立案し、役員総代会に諮った。そして、この計画案の許可、認可を得るために、関係各官庁を回付中、たまたま警視副総監の机上に置いてあったものをある新聞記者が目にとめ、大スクープとして報道した。そのため、この計画は挫折したのである。

次に、遊就館が休館のやむなきにいたったので、この建物の利用を考えた。川崎の建築、土建関係業者に貸し出し、経費の不足分を補うべく契約した。同社はこの遊就館を映画館にして、神社の健全化に協力するとの意思だったと聞いている。そこへ、GHQに本社屋を接収された富国生命から、遊就館を同社の本社屋として借り受けたいとの申し出があった。

すでに先述の某社と貸借契約をすました旨の回答をしたが、富国生命は責任を持ってこの契約を解約するので、それが成功すれば富国生命と賃貸契約をしてほしいとのこと。神社としては望むところだったので、成り行きを見守っていた。すると、富国生命は見事に某社との契約解除に成功し、富国生命と賃貸契約を交わすことになった。

このことを熱心に取り組んだ人物は、のちに富国生命の会長になられた古屋鉄男氏である。もし、当初の某社との契約を続行していれば、富国生命との契約のように長期間にわたり進められたか否か不明だが、解約して正解だったと思う。かくして、遊就館の賃貸料は靖國神社の財政面を長期にわたり助けることになった。

GHQの介入

神社界が境内地問題という神社存続を賭けた問題で苦慮しているころ、GHQ内部には日本の神社をさらに圧迫する計画が立てられていた。それは、靖國神社と全国の護国神社に向けられていた。

神道指令後、宗教法人令の改正によって「靖國神社は宗教法人令による法人と看做」された。しかしGHQは、靖國神社などを残しておくと占領政策上の支障になるという警戒心を強く持っていた。そのため、廃止解散論があった。これに対して、廃止に反対する意思を表明する国民の意見や投書が続々と集まった。「神社新報」も社説で反対した。だが、GHQは靖國神社、護国神社の存続を許したわけではない。廃止解散論は依然としてGHQ内に残存し、GHQが神社に国有地譲与に許可を与えたとき、とくに司令部が軍国的神社には通用しないと許可に付帯条件をつけたことによっても明らかである（二十一年十一月十三日、GHQ発「宗教団体使用の国有地処分に関する件」覚書F）。

神社本庁は、司令部の了解を取りつけてその付帯条件を解消し、神社の存続を確保したいと考えて熱心な陳情運動を続けた。しかし、講和条約調印後の昭和二十六年九月まで認められることはなかった。

靖國神社に対するGHQの厳しさはこれだけではない。終戦直後、靖國神社は大東亜戦争で散華された二百万余の英霊の合祀を奉仕申し上げなければならない。戦前は臨時の費用は国庫から支出されていたので、GHQに国庫からの支出の交渉をした。しかし、政教分離を理由として不可能であるとの回答があった。そこで、とりあえずGHQの了解を取り、昭和二十年十一月に臨時大招魂祭を斎行し、天皇陛下の御親拝を仰いだ。

翌二十一年十一月も臨時の合祀祭を斎行すべく準備を万端に整えた。そしてGHQに連絡したところ、突然中止を命じられた。以後、神社だけで細々と合祀祭を斎行した。遺族を招いての合祀祭は講和条約発効を待たねばならなかったのである。

合祀祭の費用が国から出ないとわかった以上、神社で費用を捻出しなければならない。そこで、靖國神社奉賛会を結成して、北白川祥子様を会長に仰ぎ、合祀費用、ご遺族の接遇、施設の整備などの費用捻出のため、全国的に募財をお願いしたところ、予想以上の奉賛金の奉納があった。予定の事務が取り進められ、昭和三十年には奉賛金の一部で参集所が建てられ、ご遺族の参拝に使用することになった。

靖國神社の苦悩

神道指令の発令で、今まで国の一機関として行動してきた神社神道、とくに戦歿者を祀る靖國神社や全国の護国神社に対する風当たりは強く、重大な覚悟をもって対処しなければならなくなった。

靖國神社では、GHQの弾圧と敵視政策に耐えるとともに生きる道を模索した。GHQは靖國神社の本質を誤解し、廟堂にする案や、靖國神社、伊勢の神宮、明治神宮などを「焼却する」という暴論が出た。

靖國神社には、当時まとめられた「連合軍最高司令部関係書類綴」に、神社の存続をかけたGHQとの交渉記録が残されている。当時、GHQとの連絡係として、各宗教（神道、仏教、キリスト教）から各一名が出向しており、靖國神社からも禰宜が一名出向していた。GHQは他の宗教と同様に重要視し、また、注意深く監視していたのだと思う。

神社は、ＧＨＱが極端な命令を出すことを防ぐ意味で、神社独自の案を考えた。例えば、境内の一部に映画館などを建てて歓楽街にする案などを出した。焼却や廃止を回避しようとした神社側の苦境が偲ばれる。

駐日ローマ法王代表でバチカン公使代理のブルノー・ビッテル神父は、靖國神社の恩人と言ってもいい。神父は一八九八年生まれでドイツのキール出身。英、蘭両国で学んだ哲学・神学博士の元陸軍中尉である。ドイツ敗戦後の昭和九年、日本に赴任し、東京の聖イグナチオ教会の神父となり、昭和十七年には上智学院院長を務めている。

神父はマッカーサーから靖國神社焼却の是非を諮問され、次のように答申した。

「自然の法に基づいて考えると、いかなる国家も国のために死んだ人々に対し、敬意を払う権利と義務がある。それは戦勝国か敗戦国かを問わず、平等の真理でなければならない。無名戦士の墓を想起すれば自然に理解できる。もし、靖國神社を焼き払ったとすれば、その行為は米軍の不名誉きわまる汚点として残るであろう。歴史はその行為を理解しないに違いない。（中略）靖國神社が国家神道の中枢で、誤った国家主義の根源であると言うなら、廃すべきは国家神道という制度であり、靖國神社ではない。我々は信仰の自由が完全に認められ、神道、仏教、キリスト教、ユダヤ教などいかなる宗教を信仰するものであろうと、国家のために死んだ者は、すべて靖國神社にその霊を祀られるようすることを進言する」。

マッカーサーはこれを受け入れた。

政教分離と靖國訴訟

昭和二十一年二月、宗教法人令改正、勅令というポツダム政令（表向きの名義は勅令七十号）により、靖國神社は一宗教法人とされてしまったことは先述した通りである。昭和二十七年四月二十八日、講和条約が発効し、日本国は主権を回復したとされている。しかし、それ以降も靖國神社は一宗教法人であり、その性格を変更することはできていない。

憲法二十条三項「国及びその機関は、宗教教育その他いかなる宗教活動もしてはならない」、そして、第八十九条「公金その他の公の財産は、宗教上の組織若しくは団体の使用、便益若しくは維持のため（中略）これを支出し、又はその利用に供してはならない」という政教分離の原則が、国家およびそれに準ずる公的機関と靖國神社との関係に、何かと制約的に作用してくるのだ。

この制約が困った形で現われてくる。主権回復後に復活した天皇陛下の靖國神社御親拝を、政府は「日本国の天皇としての公的御資格」をもっての御親拝とは認めず、陛下の私人としての御親拝にすぎないという考えをとることになる。

私人としてならば自衛隊員が集団で参拝しても可だが、隊長指揮の下に隊伍を組んでの公式儀仗参拝は許されないという妙な話になる。外国の軍隊ならば、日本に寄港する艦船の乗組員たちは、立派に儀仗隊を編成して靖國神社に表敬参拝することができるのだ。総じて日本の公的機関の構成員は、公的資格のまま靖國神社の祭祀に参列したり、参拝したりすることが認められないのである。

これでは日本は異例の忘恩国家となる。国事殉難者のみたまに対し、公的行事として感謝、報恩の儀礼の方途を持たないからだ。靖國神社に鎮まる二百四十六万余柱の忠霊に対し、あまりにも冷酷な忘恩の仕業であるとともに、国家としての品格を欠いている。文明国にあるまじき礼の精神の欠如した国だとの評価をくだされてしまう。それでもいいと言うのか。

もちろん、心ある日本国民はそれをよしとしない。国家と靖國神社の関係を本来あるべき姿に戻し、日本を護国の忠霊に対する忘恩の国家との恥辱から救い出そうという動きが出た。靖國神社を一宗教法人といった次元から昇格させ、国費でもってその維持管理にあたる特別な存在として扱うべきだとの声が挙がり、いわゆる「靖國神社国家護持法案」の制定を要請する運動が捲き起こった。

昭和四十三年は明治維新から数えて満百年の年であった。十月二十三日には明治百年記念式典が行われ、これを記念して恩赦が発表されたりもした。ところが、日大、東大をはじめ全国の大学に学園紛争が発生したとき、佐藤内閣は一連の紛争を政治問題として捉え、騒然たる世相のなかで、明治百年記念の話題は薄くかすんでしまった。

国家と宗教の関係の争点は、次の一見整然たる三段論法の命題である。

一、靖國神社は一宗教法人である

二、憲法二十条、八十九条によって国は宗教的性格を有する存在に対しては一切財政的援助を与えてはならないと規定している

三、したがって、国は靖國神社の存続・維持のために国費を支出してはならない

これに対して、葦津珍彦が貴重な先達役割を果たして、次の論法で解決の糸口を示している。

一、憲法二十条、八十九条には、その法理について暗黙の留保とでもいうべきものを充分に多く含んでいる。日本政府は文化財保護の名の下に多くの仏教寺院、キリスト教の教会、神社などに財政的援助を与えている。それらの施設の営む宗教活動を支援するのではなく、文化財・文化事業を支えるあり方なら、明らかな宗教施設である神社・仏閣・聖堂などを、例えば国宝として国が所有、管理するのも合法的である

二、靖國神社が占領軍の発した政令によって、宗教法人としてのあり方を選択せざるをえなかったのは、強権による解散命令を避けるための緊急避難の処置であって、宗教施設、宗教団体という性格を自ら認めたからではない。宗教施設であるがゆえに、現憲法によって受ける諸種の制約から招かしめる処置を執ることこそが、主権回復の緊要事であった。この処置は、当然政府が配慮すべきことであったが、それを怠ってきた

戦歿者の合祀

大東亜戦争の戦歿者およそ二百万人の合祀を果たさなければ申しわけない。そこで、占領下の合祀に少しでもお役に立ちたいと、皇族の妃殿下方が霊璽簿の清書のご奉仕をなさってくださった。陸海軍省の後を引き継いだ厚生省は、憲法の政教分離の手前できないはずの合祀事務だが、戦歿者の祭神名票を次々に送ってくれた。厚生省の協力がなければ、靖國神社だけではどうにもならない問題であった。

東京裁判をはじめ南方などの各地で軍事裁判が開廷され、多くの軍人、軍属が冤罪で処刑されたり、責任を背負って絞首刑や銃殺刑に処せられた。部下の責任も背負って処刑された将軍や、上官まで責任の手が伸びず、若き将校が処刑され、上官が無事に帰ってくるなど悲喜交々であった。刑死された方や、有期刑で服役している方々の家族は、普通の将兵と違って、国から援護の手が伸びず生活に苦しんでいた。

主として、軍事裁判で弁護をした弁護士たちは、二千万人の署名、さらに民間でも二千万の署名、合計四千万人の署名を国会に届けて、処刑者の家族に救済の手が伸びるようにと請願した。当時の日本の人口は約八千万人前後なので、実に子供も含めて二人に一人が署名をしたことになる。

衆議院の委員会で、社会党右派の堤ツルヨは、「戦犯で処刑された方々の遺族は国から何の恩恵も受けず苦しんでいる。そして刑死した将兵は靖國神社にもいれてもらえない」と、法の整備を訴えた。これらの方々は法の埒外におかれていたが、数次の援護法と恩給法の改正により、戦歿者と同様の待遇を受けられるようになった。

そして、法務死ということで、祭神名票が厚生省から回付されてきて、昭和三十三年頃よりいわゆる「B・C級」の方々の合祀が行われるようになった。法務死として合祀されているみたまは千六十八柱である。

東京裁判で処刑されたいわゆる「A級戦犯」（昭和殉難者）は、昭和二十三年十二月二十三日に絞首刑に処せられた（この日は、当時皇太子殿下だった今上陛下の御誕生日である）。昭和四十年代に昭和殉難者の祭神名票が厚生省から回付されてきた。しかし、その頃は靖國神社国家護持法案が衆議院に提案されていたので、その状況を見てから合祀すると、靖國神社役員総代会で少なくとも二度議決していた。ときの筑波宮司が「時期を見て合祀いたします」と発言したことが議事録に書いてあり、崇敬者総代の署名捺印もある。

昭和五十三年、筑波宮司が急逝された。後任の松平宮司は就任早々だったが、再度崇敬者総代会に諮り合祀を決定。十月十七日夜の浄闇に霊璽奉安祭を斎行し、翌十八日の例大祭に合わせて合祀祭を斎行して、靖國の神となられた。

合祀の手続きは、まずは霊璽簿と宮内庁にお届けする上奏簿を作成。上奏簿をお届けして天皇陛下にご覧いただくと同時に、勅使の御差遣のお知らせいただく。上奏簿をお届けするご都合を宮内庁に問い合わせたところ、靖國神社で予定していた時期は、陛下が地方に行幸なさるということだったので、日にちを変更して届けた。昭和殉難者を合祀したとき、宮内庁のある方が「合祀後に上奏簿を持ってきた」と発言していたが、そのようなことはない。大祭の前にお届けしている。

また、秘密裏に合祀をしたと言われているが、そもそも、誰を合祀したということは発表していない。

昭和殉難者を合祀したときは、例大祭で宮司が参列者に「白菊遺族会にかかわるみたまを合祀申し上げた」と挨拶した。その祭典に、たまたま白菊遺族会の会長で陸軍大将木村兵太郎夫人の木村可縫さんが参列しておられた。のちに私が木村夫人にお目にかかったとき「自分たちの目の黒いうちはこのようなことはないと思っていたから、大変嬉しかった」と言っておられた。

マスコミがこの合祀を知ったのは翌五十四年春だった。新聞にも大きく報じられ、大平正芳首相は靖國神社参拝に際し、「A級戦犯が合祀されたが、それでも参拝に行かれるのですか」という記者の問いに「それは将来の歴史が判断をくだすであろう」と堂々と参拝され、さらに大平首相は敬虔なキリスト教徒で、そのことに記者が触れると「キリスト教徒の前に日本人だ」と言って参拝されたと伝えられている。

みたままつり

靖國神社のみたままつりは終戦直後、戦歿者の慰霊のためにはじめられた。今では東京のお盆の行事として定着している。昭和二十二年夏より、みたままつりを斎行した。七月十三日から十六日の四日間、明かりを灯しての夜の祭りで、年々盛大になり、今では東京の風物詩となっている。民俗学者の柳田国男は戦争の終結を見越してか、「祖先の話」のなかで、みたままつりを示唆している。きっかけは昭和二十一年の夏に、長野県の遺族会が境内にて盆踊りを奉納したことである。それがヒントとなり、みたままつりがはじめられた。八月は皆帰省するので、七月の十三日から十六日の四日間に燈火を点じ、文字通り火の祭典として夕刻からはじめるのだ。

大前に近いところから各界名士のぼんぼりが三百。はじめの頃のものには横山大観、向井潤吉、小林古径、樫山南風、榎本健一などの絵が奉納されている。

遊就館前には地方の絵灯篭などに灯が入り、能楽堂では奉納演芸が行われる。内苑外苑の参道両側には大少の提灯に灯が入り、さながら灯の襖なし、銅像を囲んでの盆踊り、数百軒の露店商。そのような賑わいのなか、全国各地からの崇敬者が参拝。賑やかななかにもみたまたちとの再会があるのだ。いまや都会の風物詩として愛されている祭典である。

神事は七月十三日前夜祭、十四日第一夜祭、十五日第二夜祭、十六日第三夜祭を毎日午後

みたままつり

六時より斎行して、みたまをお慰め申し上げる。みたままつりは、民間のお盆の行事と一諸で、祖先崇拝と同じ思想である。

祭りの期間中、九段下の参道入り口から神門にかけて、参道の両側に高張り提灯が何段にも吊るされ、その数およそ二万灯。その下には三百前後の露店が並び、神門には宮城県護国神社奉納の仙台七夕飾りが彩りを添える。神門を一歩入ると各界の著名人の揮毫のぼんぼりが風情を添え、さらに小型の提灯が一万灯余飾られている。各地の絵燈篭も飾られ、参拝者で賑わう。夕刻、これらに火が入ると、靖國神社は幻想的な様相を呈す。東京の夏の風物詩、光の祭典として、多くの崇敬者に愛されてきた。この三万余の大小の提灯は全国の崇敬者からの奉納であり、提灯の一つ一つに遺族会や戦友会、企業、団体、個人の氏名が印されている。能楽堂では終日、奉納の芸能が賑わいを見せている。夕刻午後六時より、宮司以下神職や巫女の奉仕によるお祭りが斎行される。

慰霊の祭りは真心を込めて奉仕されるが、忠霊にとって何よりもの喜びは、それぞれのみたまに縁の深い、親族や故郷の遺族会や団体の参拝であろう。しかし、今は戦後七十年になり、靖國神社を大切にしてくれた縁の近い方々は、残念ながら高齢化の波を受け少数となり、靖國神社を取り巻く環境に変化を来たしつつある。靖國神社を大切に思う崇敬者は、同志の数を増やさねばならない。浴衣を着てみたままつりを楽しむ若者にも、さらに一歩足を進めて昇殿参拝をしていただくような運動をする必要がある。神社自体の活動のみでは限界があるので、崇敬者の応援が必要である。

現在、マスコミをはじめ靖國神社批判勢力は御祭神の何たるかを理解せずに報道している。このことには怒りを感ぜずにはいられない。

昭和十六年十二月八日、わが国は英米に対し宣戦布告。世界を相手に大東亜戦争に突入し、日本軍人の死を恐れぬ戦い方が敵の将兵に少なからぬ恐怖心を与えた。しかし、物量に劣る日本軍は、ついに特攻戦法を採用することとなった。敵は人道に背き、原子爆弾を広島、長崎に投下。かくなる上は涙を呑んで、天皇陛下の大御心にしたがい、終戦を迎えた。

大東亜戦争には多くの将兵、とくに多くの青年が国に生命を捧げ、靖國神社に無言の凱旋をされた。そのような忠霊のお陰で今日を迎えることができているのだ。多くの国民はそのことに感謝し、感謝の誠を捧げるために靖國神社に参拝している。ところが、残念ながら、とくに日教組や全教の学校教員などに影響されて左翼思想に染まってしまった日本人がいることを残念に思う。

神道指令が出て、国家と靖國神社の分離が確定した。国家管理の下でも経常の費用は社費でまかなっていたのだが、特別の揚合は国庫から支出を受けていた。そこで靖國神社は、大東亜戦争の戦歿者およそ二百万柱が未合祀で、その合祀のための費用を国費からの支出を希望した。しかし、ＧＨＱに拒まれた。それでも合祀は行わなければならないので経費は将来に託し、昭和二十年十一月、昭和天皇行幸の下、大招魂祭を斎行した。この祭典には、ＧＨＱの将校も視察に来た。彼らは、アジ演説などがある騒々しいカーニバルのような行事を想像していたようだが、そのあまりにも荘重、厳粛さに驚嘆したという。しかし、翌年からの遺族を招いての合祀祭は不許可となり、講和条約発効までは密かに靖國神社だけで合祀祭を続けた。

神道指令が「神社神道は、国家から分離せられ、その軍国主義ないし過激なる国家主義的要素を剥奪せられたるのちは、もしその信奉者が望む場合には一宗教して認められるであろう」と命じたことによって、国家管理の制度を廃した後の神社について法的措置が必要となった。それが、昭和二十一年二月二日の宗教法人令改正（勅令）となって示されたのである。

その附則には「本令施行の際に現に地方長官の保管に係る神社明細帳に記載せられたる神宮、神社及び別格官幣社靖國神社は、宗教法人令による法人と看做す」とあり、かつ「前項に掲ぐる宗教法人は（中略）その規則を作り之を（中略）本令施行の日より六月以内に届け出づべし（中略）届け出をなさざるときは解散したものと看做す」と明記された。これにより、好むと好まざるとにかかわらず、この改正宗教法人令による法人としてのみ、靖國神社の存続が許されることになった。神社が宗教か否かの検討をしないで、他の宗教と同一視されてしまったのである。

みたまなごめの舞

安らかに眠れとぞ思ふ君のためいのち捧げし丈夫のとも

香淳皇后が、みたまに対して詠まれた御歌である。この御歌に元宮内庁式部職楽部楽長の多忠朝が、作曲、振付したのが神楽「みたまなごめの舞」である。毎日の命日祭にこの神楽を奉奏している。

ちなみに、この御歌の「君」という意味は、もちろん天皇陛下でもあるが、さらには天皇を戴く国民という意味でもある。天皇陛下だけを指す「君」ではなく、国家国民の頂点にある「君」ということであり、御歌の「君」は国民全体、すなわち国家のために命を捧げたという意味になると思う。

昭和十五年の紀元二千六百年記念に、昭和天皇の「天地の神にぞ祈る朝凪の海のごとくに波立たぬ世を」という御製に多忠朝が作曲、振付した「浦安の舞」は、現在でも全国の神社で奉奏されている。実は「みたまなごめの舞」と同じ作者なのだ。

靖國神社は、ただただ英霊の鎮魂のために奉仕申し上げるのが本義の神社なのだが、現在の世情ではなかなかそうもいかないので、非常に残念である。

花嫁人形

靖國神社の神々は逆縁の若者が多い。国のためにと勇躍出征して武勲をたてて忠霊となられても、家庭で忠霊のみたまを慰めてくれる人は、跡継ぎのいる家は別として、両親が息子の霊を祀る。しかし、やがてわが子のいるあの世に旅立つことになる。

このような逆縁の家は、早晩無縁の仏になってしまう。そこで、靖國神社の存在が重要になってくるのだ。靖國神社のみたまは、神社の存在する限り、永遠に朝夕のお祭りを厳修し、慰霊の誠を捧げていくのである。多くの国民も祖国愛に燃えて、靖國神社の忠霊に感謝の誠を捧げてもらいたいと思う。

二十代で命を捧げた益荒男のほとんどは未婚のまま神となられた。肉親の情として、せめて花嫁人形なりとも添わしてやりたいと思う気持ちは痛いほどわかる。そのような遺族が次から次へと花嫁人形をお供えになっている。靖國神社は好戦的だなどというのは誤りである。靖國の忠霊とその遺族が、一番争いのない世界を求めているのである。

皇室からの御配慮

戦前、昭和天皇は二十度も行幸なされ、香淳皇后の行啓は十七度にわたる（うち、九度は行幸啓）。戦後、天皇の行幸は八度で、皇后の行啓は七度である（うち、行幸啓が七度）。陛下の靖國神社御親拝の最後は、昭和五十年十一月二十一日である。

ありがたいことに、各宮家におかれましては靖國神社に対し、ことのほか御心を注いでいただいている。

遊就館の建物を富国生命の本社屋として貸していた家賃収入が、長く靖國神社の財政に寄与していたが、富国生命が本社を新築し、大手町に転出した。その関係で家賃相当額が収入面に穴を開けることになる。その不足分をカバーするために、戦友や遺族以外の崇敬者の増加を図るべく奉賛会を結成することになった。このとき、財界のトップに話を通じてくださったのが高松宮殿下である。まだバブルがはじける前だったので、相当の資金応援をいただくことができた。その頃、財界のトップには大勢の復員組がおり、高松宮殿下も海軍の軍人だったことから、意思の疎通がうまく働いたのだ。

奉納された花嫁人形

遊就館の花嫁人形コーナー

毎年、春秋の例大祭の折には各宮家から玉串料のご奉納をいただいている。お当番の宮家の宮務官が代表してお持ちくださる。数年前までは、常陸宮家の宮務官で、近年は秋篠宮家の宮務官がモーニング姿で参られる。

靖國神社拝殿の竣工と教育勅語

明治二年、東京招魂社として御創建された靖國神社は、明治五年に現在の御本殿が竣工した。靖國神社の拝殿の竣工は明治三十四年十月。したがって、靖國神社は、実に二十九年の間、拝殿のない神社として存在したのである。その二十九年間で、日本は着々と近代国家としての歩みをはじめていた。軍人勅諭が下賜され、教育勅語や帝国憲法が発布され、帝国議会が召集され、日清戦争もあった。昭和天皇の御誕生もこの間である。

昭和二十年、大東亜戦争の敗戦により、日本の近代化は何十年も後退することになる。そして、廃さなくてもいい教育勅語まで廃してしまった。教育勅語は、国民の道義的精神作興のため、明治天皇から下賜された勅語なので、国会の衆議院や参議院での決議で廃止したことは手続きから言ってもおかしい。勅語の内容からしても廃すべきではなかった。戦後の国の姿を見るにつけ、教育勅語があったら、ここまで堕落しなかったのではないかと思う。

平成も二十有余年、国民の道義的堕落は底なし沼に嵌り込んでいる。この状態から脱出す

靖國神社拝殿

るためには、教育勅語の一つ一つの徳目をよく咀嚼して、国民に納得せしめなければならない。十二の徳目のなかで問題になるのは、「一旦緩急アレバ義勇公ニ奉シ」であろう。しかし、これは国民の守らなければならない徳目であり、青少年に教えなければならないと切に思う次第である。

第三章　明治神宮奉職時代

明治神宮奉職

私の奉職期間は、正確には明治神宮に三十三年五ヶ月、靖國神社に十四年と十日、合わせて四十七年五ヶ月と十日である。

明治神宮への奉職は昭和三十二年四月からであり、翌三十三年には戦災復興の遷座祭を迎えるということで、私の最初の祭典奉仕は、戦災復興の立柱祭であった。神域に入ると木曽檜の香りが満ち満ちており、清らかな緊張感に包まれていた。

当時の新人採用は、欠員が出れば補充ということで、この年の採用枠は一人であった。大学生の間では、誰がどういうコネで明治神宮に決まりそうだとか、皆で噂していた。縁故のある学生が何人かいたようだ。そのような学生をさし置いて、採用試験もなく私の入社が決定した。これにには理由がある。

私の大叔父（祖母の弟）に湯澤三千男という者がいる。当時の大叔父は明治神宮の責任役員、総代であり、復興奉賛会副会長兼理事長という要職にあった。役員である大叔父からの申し出を断れなかったのだろう、私は採用試験もなく入社することになったのだ。だから入社したときは、招かれざる客のごとく、なんとなく居心地の悪い心境であった。

明治神宮は全国的に見ても大きなお社で、部局もいくつかに分かれている。私は神職として秘かに教学部や崇敬会という部署を希望していたのだが、声がかからなかった。三十三年余で、祭儀課、経理課、用度・管理の両課長、財務・祭儀・総務の各部長、役員室長などを勤めた。どちらかというと神社の脇を固める仕事が多かったような気がする。

大叔父湯澤三千男

大叔父は東條内閣の内務次官を拝命したが、途中から首相が内務大臣兼任をやめたので、内務大臣を命じられた。東條内閣が発足したときには、東條英機が陸軍大臣と内務大臣を兼任していた。その理由は、戦争を阻止するために、昭和天皇が東條英機に大命降下したからであった。東條は、もし開戦を阻止すればマスコミがこれを煽り、国民も納得せず暴動が起きるだろうと考えた。それを抑えるためには憲兵や警察を抑えておく必要がある。そこで、警察を指揮下に置く内務省と、憲兵を有する陸軍省の大臣を兼任したのであった。しかし、陛下の願いも空しく開戦となり、大東亜戦争に突入した。そのために兼任の必要がなくなり、次官を昇格させたのだ。

戦時中の内務官僚だったので、全国の知事を命じられて、赴任することもあった。湯澤三千男は、宮城、広島、兵庫の県知事として地方にも出向いている。戦後、戦犯には指名されなかったが、ＧＨＱのパージ（公職追放）にかかって、浪々の身をかこつこともあった。

伊勢の神宮の御遷宮が昭和二十八年に実施されることが確定されたので、明治神宮では明治神宮戦災復興奉賛会を結成し、全国的に募財することになった。復興奉賛会の各県本部を開設するためには、各県の事情に明るい人物が東京の本部にいなければならない。その適任者として湯澤三千男が選ばれ、明治神宮戦災復興奉賛会副会長兼理事長を拝命。明治天皇、昭憲皇太后の御聖徳がしからしむることながら、真摯な努力が実を結び、すばらしい成果を上げた。一方、明治神宮においても、責任役員、総代という重責を担っていた。

湯澤家の系譜

栃木県鹿沼市（旧上都賀郡加蘇村）上久我《かみくが》石裂《おざく》に加蘇山《かそやま》神社が鎮座している。加蘇山神社の文献上の初見は『三代実録』だ。陽成天皇の御代に「元慶二年（八七八）九月十六日戊申に下野國加蘇山ノ神　従五位下を授く」とある。御祭神は武甕槌命《たけみかつちのみこと》、磐裂命《いわさくのみこと》、根裂命《ねさくのみこと》。社家（御師《おし》）は五家あり、湯澤家はその一軒であった。

湯澤家に後継者がおらず断絶の危機に瀕したとき、隣村である引田村の社家、福田誠好斎義典が湯澤家の断絶を借しみ、相続を願い出た。そして、湯澤監物あるいは舎人と称し、湯澤家の再興に努めた。

誠好斎は、上都賀郡引田村に福田三左衛門敦信とさのの長男として文化九年（一八一二）五月に生まれた。清和源氏である多田満仲の五世の孫である若狭守頼遠のときに下総国福田村に住み福田姓を名乗った。そして、頼遠より六世の孫である福田八郎右衛門信義のときに、下野国引田村に移住している。

誠好斎の数代前に八郎右衛門淡水という者がいて、剣術の達人として諸国を修業、寛文年間には江戸の浅草で旗本・水野十郎左衛門が幡随院長兵衛の子分・唐犬権兵衛、夢の市兵衛ら十数人と争っているときに助太刀をして十三人を斬り捨てた。淡水の腕に感服した水野は、光圀にことの次第を申し上げたところ、上野の寛永寺墓参の折に謁を賜い、水戸家への出入りを許され、光圀の差料肥前の住近江大椽藤原忠広、肥前住忠信の二振りを賜った。

誠好斎もまた先人にならい武術を志した。父・三左衛門や一族の福田勝弥正充（免許皆伝）に学び、十七歳で江戸に出て、幕臣医師・森宗竹に医術を学び、宗節と号した。さらに小田原藩の水野源左衛門に剣術を、幕府の指南役旗本・磯又右衛門に天神眞揚流の柔術を学ぶ。のちに三男の義命を磯家の養子として磯素行と称したが、明治十年の西南の役に陸軍歩兵生徒として出征し、鹿児島県可愛嶽にて戦傷した。そして大阪臨時病院に後送されて死歿し、靖國神社に祀られた。

誠好斎の修行した武芸は、体術、馬術に加え、他に書を下総古賀の小山霞外に、国学を三河の豊岡平賀、奥州の梅園春男に学んだ。

次に養子となった福田八之助（本名：持田千代吉）が講道館の始祖・嘉納治五郎の恩師（福田八之助伝にあり）である。誠好斎は武芸万般に通じ、数々の逸話を残している。誠好斎の孫に当たる湯澤三千男の著述に「誠好斎義典は剣術の師範であって、弟子を数えること二千人に及んだという」とある。

誠好斎は石裂山加蘇山神社の御師である湯澤家の再興に努め、十年にして養子の義路に家名を譲り、家郷引田に帰った。

義路は隣村加園の津吹家の出身で、誠好斎の長女・ウタと結婚して湯澤家のために尽くした。しかし子宝に恵まれず、義路の弟・義原に誠好斎の次女・シゲ娶らせ準養子とし、義路の後を継がせた。義路は神務の傍ら、義父・誠好斎と共に国事に奔走した。

準養子となった義原は、弘化元年（一八四四）の生まれで、青年時代は幕末の江戸に出て林大学頭の学僕となり、夜は素読、朝は未明に起きて、御厩橋から愛宕山の麓の天野将曹のところへ剣術の修行に行き、午後は神田お玉が池の磯又右衛門のところで柔術の稽古をするのが日課であった。

長じて家郷に帰り、神務の傍ら、久我、加園、野尻村を合併した加蘇村の二代目村長となった。以後数代を歴任し、郷土の発展に努め、加蘇山神社の隆昌にも貢献した。

義原は栃木県の神社界にも重きをなし、明治三十一年より栃木県神官取締所理事として十年勤続。さらに明治四十一年、官国弊社と合同して栃木県神職会の専務理事となり、県神社界にも足跡を残した。

義原とシゲの間には二男一女がいる。長男の真太郎は加蘇山神社の社司となり、東京で内務省に勤め、吟詠界において名をなした。天真流を創設し、洞簫《どうしょう》の吹き手としても他の追随を許さなかった。真太郎が留守中の神社を守ったのは、甥の敬六（真太郎の姉サトと養子喜重の二男）で、社掌として神社の実務を担当した。真太郎亡き後は宮司として終生奉仕した。

真太郎に跡継ぎがなかったので、弟の三千男を準養子として後継としたが、祀職は継承しなかった。三千男は東京の開成中学から東京帝大の法科に進み、内務省に職を奉じた。内務官僚として、宮城、広島、兵庫各県の知事を歴任し、東條内閣の内務次官を拝命。その後内務大臣を拝命した。

戦後、占領軍のマッカーサー指令部の公職追放令により公職の場を去ったが、祀職の家柄を忘れず、橿原神宮、明治神宮などの総代に就任するなどして神社界の隆昌に寄与した。特に、明治神宮の戦災復興に寄与すべく、明治神宮戦災復興奉賛会の副会長兼理事長として、内務官僚時代の人脈を活用して、明治神宮復興奉賛会の各県本部の設立に寄与した。そして、今日に見られるような見事な明治神宮が復興したのだ。

真太郎と三千男の姉であるサトは、婿養子の星野喜重を迎えて一家をなした。喜重は祀職を継承せず、小学校教員として神奈川県下の小学生の教育に没頭した。

敬六は喜重とサトの二男として生まれ、幼少から神勤に勤め、宗教法人法改正後の元県社加蘇山神社の宮司として、また、村社久我神社、加園八幡宮の宮司を兼任し、地域の文化の中心としての、神社の興隆に勤め、氏子の教化育成に努めた。

私は敬六とアヤ間に十人兄弟の五番目、四男として生まれた。祀職を志し、昭和三十二年に戦災復興途上の明治神宮に奉職。平成二年には禰宜《ねぎ》を最後に退任し、靖國神社に禰宜として転任した。そして同年に権宮司になり、平成九年には靖國神社第八代宮司に就任した。平成十六年、定年で退任後は生涯現役の理想を旨に忠霊の慰霊顕彰に勤めている。

青少年時代

私は山の中の小さな学校に通っており、一年生から六年生までの全学年でニクラスしかなく、二つの教室で勉強していた。一年生から三年生で一クラス、四年生～六年生で一クラスだった。三学年が一つの教室で学び、教室の呼び名は、一二三、四五六だった。

教員は夫婦の二人だけで、校長兼任の主人が上級生の担任、奥様が下級生の担任だった。よく分校と間違えられるのだが、れっきとした独立校で、加蘇村立石裂尋常小学校と称していた。高等科がなかったので、さらに高等科の二年間は四キロほど下った久我尋常高等小学校に通学した。

私が小学校を卒業したときは国民学校に変わり、同級生は五人しかいなかった。しかし、そのうちの一人は昭和十三年九月の大水害で行方不明になった。彼の自宅前には荒井川が流れており、それが今でいう生活用水だった。川に何か置いてあったのだろうか、雨が激しく

昭和10年前後　久我神社大祭にて
前列左から２人目が著者

昭和５年　母に抱かれる著者

なってきたので、豆ランプの灯を頼りに妹と一緒に川の様子を見に表に出て、その川岸でランプもろとも消えてしまった。激しい雨で思いのほか川も増水しており、大丈夫だと思っていたが川に流されてしまったのだと思う。そのようなわけで、卒業時には四人になった。また、もう一人は「満蒙少年開拓義勇軍」に参加して、終戦直前のソ連参戦により行方不明になった。今は靖國神社の神となり、祀られている。このような事情から、とうとう同級会は一度も開かれていない。

旧制中学の同級生のなかには、海軍予科練習生、通称予科練に入った者もいたし、一、二年先輩にも何人か予科練に入隊した者がいた。村の近所の先輩たちも、二十歳になると徴兵検査を受けて現役兵として勇躍軍隊に入隊した。宇都宮市戸祭あたりには部隊がたくさんあり、桜並木の通りは軍道と称した。入隊日の早朝には出征兵士の家から道祖神のある村境まで軍歌を歌い、日の丸の小旗を振りながら行進した。そして村境では出発式が行われ、部落の代表が激励の挨拶をし、出征の青年が決意と謝辞を述べ、勇躍出征していった。狭い部落だったが、何人もの青年が出征し、なかには白木の箱に包まれて、無言の凱旋をする方もいた。そのような方には、村葬を以って遇した。このときには、村内の神職、僧侶こぞって奉仕した。

神社実務の第一歩

先述したように、親の七光ならぬ大叔父の七光によって、明治神宮の見習出仕として神前奉仕が叶った。御遷座祭を明年に控えた社務所のなかは、皆、神経がぴりぴりしていた。社内の張りつめた空気のなかで、私には何か割り切れないものがあった。その疎外感の背景には、役員の引きに対する警戒と、採用時の私の割り込みに対する怒りがあるのではないかと思った。

配置された祭儀課では、先輩の仕事ぶりを見ながら、精を出して学んだ。若い神職には、身に着けることがたくさんあった。雅楽や和歌、書道などである。雅楽は三管のうち、いずれかを選択する。学生時代には龍笛をかじっていたのだが、神宮の講師とは別の先生に指導していただいていたので、神宮で笛を選ぶと苦労すると教えてくれた。楽器は指導する師が異なれば微妙に操作が違うそうで、素人には同じに聞こえても、プロには違いがわかるらしい。例えば合奏などの場合、同じ楽器の一番上席の楽師に合わせて吹くのだと聞き、奥の深さを知ると同時に、無の状態から雅楽を学ぼうと、笙を選ぶことに決めた。稽古は毎週一回であった。

明治神宮の祭典は他の神社と同様に、大、中、小の区別がある。大祭は例祭、新嘗祭、祈年祭であり、中祭は歳旦祭、紀元祭、昭憲祭、明治祭、鎮座記念祭など、小祭は御衣祭、月次祭などだ。ただし、御衣祭は御本殿内陣参入のために一夜参篭だ。大祭、中祭には宮内庁楽部の先生方がご奉仕くださるが、月次祭、諸祭などは職員が奉仕する。誰もが雅楽の稽古を義務づけられているので順番に奉仕すべきだが、稽古に出ない職員もいる。毎月二度の月次祭には他の職員より奉仕の回数が多かった気がする。

当時、読売巨人軍の王貞治選手の結婚式を明治神宮で行いたいという申し出があった。結婚式は明治記念館か明治神宮奉賽殿で行うのが常であったが、申し出は本殿（拝殿）での挙式であった。神社ではこの申し出を了とした。私はその挙式の雅楽の奉仕の指名をうけ、わくわくしながら奉仕した思い出がある。

昭和 36 年前後
明治神宮にて妻と

明治天皇にはご生涯に十万首におよぶ御製が存在し、昭憲皇太后には約三万首の御歌があり、歌聖とも呼ばれていることに思いをいたし、職員もこれを学びそれぞれが和歌を詠むべしということで、美古社会という和歌の鍛錬サークルがある。そこで、早速入会して、作歌に励むこととなった。当時、筆頭の高澤禰宜が添削をしてくれ、毎月一度、歌会を開き、指導してくれた。

神職にとって祝詞作文は欠かせない教養である。これも高澤禰宜の指導で、毎月一度題を決めて作文を提出した。採点は非常に厳しく、これが後々非常に役に立った。ちなみに高澤禰宜は國學院大學の教授も兼ねておられた。雅楽も和歌も祝詞作文も、継続は力なりと思い知らされた。

戦後、神社神道は宗教だといわれ、他の種々な宗教と同一の枠に入れられ、宗教法人の一つになった。

他の宗教には、広く教祖がおり、経典があり、宗教と定義できるものがあった。しかし、神社は本殿、拝殿などの参拝（礼拝）の施設があるという点は他の宗教と同じだが、他はまったく違う。

幸い、神道には経典に代わるものとして、神典といわれる『古事記』、『日本書紀』などがある。他にも『万葉集』、『延喜式』やその他の古典もあり、仕事後にこれらを輪読などして教養を深め、時には國學院大學の先生の講義を聞くなどしたことを懐かしく思い出す。今振り返ってみると、俳句やスポーツのサークルもあったが、なんと言っても和歌や書道にもっと力を注ぐべきであったと反省頻りなるものがある。

千載一遇の遷座祭奉仕

奉職の翌年（昭和三十三年）は、奉職三十余年の神職生活のなかで最も強烈な印象が残っている。それは千載一遇の遷座祭の一連の祭典行事に奉仕できたからである。

その年の秋になると、本殿遷座祭に繋がる重要な御祭儀が連続するので、奉仕に勤めた。

遷座祭

洗清　昭和三十三年十月二十九日午前九時　禰宜以下奉仕（奉仕員八名）

清祓　十月三十日　午前八時　禰宜以下奉仕

新殿祭　十月三十日　午前十時

宮司以下　童女二員奉仕　御富伎玉四隅に掛く、四隅に米・酒・切木綿を撒く

御飾　十月三十一日　午前九時

宮司以下

本殿遷座祭遷御ノ儀

十月三十一日　午後七時　宮司以下奉仕員百余名　供奉員　若干名　奉拝者　多数

勅使　掌典　室町公藤

宮司　鷹司信輔　出仕（出仕は本職ではないので、当日のみ名誉権禰宜の辞令を拝受して奉仕）

当日限り

本殿遷座祭奉幣ノ儀

十一月一日　午前十時

勅使　掌典　室町公藤

東遊　楽師多　久尚以下

参列員　名誉総裁　高松の宮他（旧宮家を含む）

第二日ノ儀

十一月二日　午前十時

大和舞

例祭

十一月三日　午前十時

勅使　掌典　三条実春

御神楽ノ儀

十一月三日　午後五時

楽長　阿部季巌

以後十月四日より十三日まで奉祝祭
朝御饌祭　午前八時　夕御饌祭　午後四時

直会ノ儀
十一月十四日　午前十時　中祭式

十月二十九日の洗清にはじまる遷座祭関連の御祭儀は十一月十四日の直会ノ儀をもって終了した。

延べ十七日にわたる遷座祭関連の諸祭儀は滞りなく終了したと申し上げたいが、私が残念に思ったのは、御神楽ノ儀での宮内庁楽部楽長との軋轢であった。宮中の賢所の庭前で年に数回しか行われない秘儀中の秘儀である御神楽ノ儀が、畏き辺りよりの御奉納により、夕闇迫る拝殿内の斎庭にて行われた。設営が違うとの安部季巌楽長の発言に対し、対応すべき祭儀部員が時間的制約もあってかそれを取り合わず、そのまま斎行したのだ。御神楽は篝火《かがりび》のみの明かりのもと、まことに厳粛の秘儀の舞が奉納された。

安部楽長は明治神宮の雅楽の指導もされておられ、芸術院会員でもあり、篳篥《ひちりき》の音色はすばしい。昔の書物に「この音を聞いたら死んでもいい」と書かれていて「一音入滅」というらしいが、安部楽長の篳篥の音はまさにそれに当たると思った。しかし、残念ながら明治神宮ではそれを聞くことができなくなった。つまり明治神宮での雅楽の講師を辞めてしまわれたのだ。それほど御神楽ノ儀を大切に考えておられたのだろう。

御製・御歌・みことのり

日常の奉仕は潔斎にはじまる。宿衛舎（新社務所・斎館竣工前）に参集、大祓詞を奏上、（社務所・斎館竣工後は教育勅語奉唱）修祓、参進、拝殿内にて拝札、明治天皇御製二首と昭憲皇太后御歌二首奉唱。

明治天皇御製
あさみどり澄みわたりたる大空の廣きをおのが心ともがな
さしのぼる朝日のごとくさわやかにもたまほしきは心なりけり
昭憲皇太后御歌
朝ごとにむかふ鏡のくもりなくあらまほしきは心なりけり
みがゝずば玉の光はいでざらむ人のこゝろもかくこそあるらし

の四首を奉唱した後、一斉に殿内の掃除をしてから、それぞれの部署の担当の仕事に就いた。

明治天皇、昭憲皇太后と申し上げれば、子と母の間柄になってしまうので、本来は昭憲皇后と申し上げなければならない。そこで、折りあるごとに宮内庁に、皇太后を皇后に訂正してもらいたいとお願いしてきた。しかし、皇統譜には皇太后と記載されているからと、今もって訂正されていない。

私が入社した当時、直営の戦災復興社殿造営工事が後半に入り、地方から来た職人（鳶・宮大工）のための寮（代々木参道口、山の手線沿いに仮設）に空室が目立つようになってきた。そこで、そこは独身職員や実習生の宿舎に供された。その寮舎の一室に、かの詔勅研究で高名な健児《こんでい》奉仕隊の森清人先生が住んでおられ、大切な「みことのり」の原稿を戦災で失い、失意を秘めて「詔」の研究をなさっておられた時期ではなかったかと付度した。なお、健児奉仕隊とは森先生が奈良時代から平安時代の健児に倣って組織したものである。

神道文化会からいただいた縮刷版の『みことのり』の序文には次のように書かれている。

本書は詔勅研究の第一人者であった森清人氏が、戦中の刊行を計画されていたが、戦災によって原稿を烏有に帰し、幻の名著とされていたものであった。

然るに森氏の学恩を欽仰する有志によって行われた顕彰祭の折、偶然にも遺品中に校正ゲラが発見され、これを元に平成七年、森清人先生顕彰会より刊行を見、森氏の宿望が漸く果たされたのである。この出版によって、神代以来の神勅・詔勅の略全てを拝するを得、斯道に稗益する所洵に大なるものがあった。そこで本会は、本書の更なる普及を企図し、被閲に簡便なる縮刷版を刊行することにした。
本書の解説をなされた井上順理先生（鳥取大学名誉教授）は『みことのり』刊行事業の会長をなされ、本来は素行会の会長である。

素行会の会長でもある井上先生の解説には、
森先生は『神典みことのり』の執筆に着手されたのは既に昭和十一年春からで、諸種の事情で思うように進捗せず、漸く昭和十七年夏、何人もなし得なかった全詔勅の調査・謹訳の作業を終了、詔勅は二千八百の詔を内容とする詔勅集門神典みことのり』の原稿（約四千）の整備にかかり、戦時の厳重な物資統制下、苦心惨憺の末、漸く昭和二十年になって始めて印刷、製本の段階に、当時の時局下、出版が学会は勿論一般の人達からも大きく期待せられていたかは、多くの懇篤な賛辞や推薦文が寄せられていた。
然るにあの三月十日の東京大空襲の大厄に遭遇して、一朝にしてすべてを灰燼《かいじん》となし、更に、折角大阪に疎開してあった原版の紙型も、五月の大阪空襲に見舞われて、叉も烏有に帰した。悲惨極まりないこのことに、全く失望落胆された先生の御心境は、実に察するに余りあり国家社会の損失と申すべきことであった。

然し戦後先生を追慕し、其の志業を継承し奉公精神を宣揚して祖国再建に邁進せんと期する、門下の後世や同志の知友達が、先生の三十年祭を記念し、平成三年十二月、幹部主宰の下に「森清人先生顕彰会」（会長高澤信［郎名誉宮司］）を結成し、その顕彰報告祭（明治神宮）が行われた際に、その場に展示された先生の遺品の中に、戦時下灰燼に帰した筈の原稿（但し校正刷）と、出版のために用意されていた（内容見本）や一枚のポスター等が偶然に発見されたので一同欣喜雀躍すると共に、同志相謀り復刊発行することを決定し、平成七年六月に幻の名著『みことのり』の書名で、装を新たにこれらを主催した「みことのり普及の会」（実態は素行会）から刊行された。

と書かれている。森清人先生が明治神宮の臨時造営部の工員の寮の一室で静かに研究されていたのかと振り返ってみると、ご指導いただく機会を失していたことを残念に思う。

神社神道には経典がないが、それに代わるべき古典として『古事記』『日本書紀』『万葉集』『延喜式』などがあり、これらを学んだ。特に明治神宮では、明治天皇の御事蹟『明治天皇紀』、教育勅語、その他「みことのり」、明治天皇御製、昭憲皇太后の御歌が他の諸宗教の経典に匹敵する重大な意味を有している。

御製、御歌は大正年間に宮内省は勅旨を奉じて両度に亘り御集を編纂し、さらに文部省がこの二つの御集は御聖徳を仰ぎ、御仁慈の御心を偲び奉るのに最適であり、教育上も極めて有益であるとして、これを刊行し広く頒布せられた。

類纂御集として明治神宮にても普及に努めた。この御集にはおよそ明治天皇御集千六百八十七首、昭憲皇太后御集千九十七首と皇后の御文章、御唱歌などを登載している。御製十万首、御歌三万首に比べて僅少なので全集を拝したいものと、明治神宮では機会あるごとに宮内庁へ願い出ていたところ、昭和三十五年明治神宮鎮座四十年祭の記念事業として、本御集の謹纂ならびに公刊のお許しをいただいた。

ただちに御集委員会を設置し、新年歌会始めの選者、元選者および宮内庁、明治神宮の関係者を顧問、委員に委嘱し、従来は門外不出とされていた明治天皇御製全集百五十冊（和本）昭憲皇太后全集四十七冊全巻を特別に拝借し、これを底本として慎重審議、爾来両集の謹纂に精根を打ち込み四年を超えて、『新輯明治天皇御集』を上梓することになった。

五十数回におよぶ委員会の協議を経て、御製八千九百三十六首を謹撰したもので、既刊本はもとより、新年歌会始め、定本御集の内容を備えたものである。

昭和三十九年十月三十日、全集全巻から御製八千九百三十六首、上下二巻を刊行。昭和四十年十二月十日には昭憲皇太后御歌を刊行した。

前御製集同様の方針に基づき四十回の協議、御歌四千五百八十首を謹撰し、御文章二十二編と御唱歌二編を刊行した。御全集四十七冊、御歌二万七千八百二十五首。御祭神の新輯御集が、当代の歌人たちの目を経てまとめられた。

明治記念館と外苑施設

外苑の一角に明治記念館がある。明治憲法の審議の場であり、明治天皇も行幸になられた憲法記念館で、憲法発布後に功績のあった伊藤博文に下賜されたものを、博文の子孫より明治神宮に奉納された。それを憲法記念館として保存し、戦後に明治記念館と改名。そして結婚式場として公開した。建物の重厚、格式もあり、好評であった。

明治天皇御製
目に見えぬ神にむかひてはぢざるは人の心のまことなりけり

明治神宮御創建の昔に思いを馳せると、御造営のために全国から青年が参集し、勤労奉仕に汗を流し、一万人もの行動が機となって全国の青年団が連合体をつくり、当時の青年たちの一円募金によって、明治神宮外苑に日本青年館が建設された。また、今日、自然の杜となった内苑の森は全国からの献木で、三百六十五種十万本は国民の真心の結晶である。

国有境内地問題のときに時価の半額で払い下げた外苑には、スポーツ施設として国に譲渡した神宮競技場を除き、大学野球のメッカである神宮球場をはじめ、神宮水泳場があり、絵画館前の大芝生は軟式球場四面となり、都民には夜明けと共に白球を追う楽園となった。二時間単位で貸し出し、高収益を誇っている。テニスコートも都心にあるハイクラスのコートとして人気があり、入会の希望者が後を絶たない。相撲場の跡にできた第二球場は、野球のないときのためにゴルフの練習所をつくった。都心だが有料駐車場もあるので活用する人は多く、早朝から深夜まで繁盛している。

外苑の中心は明治聖徳絵画館で、明治天皇御一代の事暦を画いた当時の有名画家の作品八十面（日本画四十面、洋画四十面）を展観しているが、周辺のスポーツ施設が盛んなわりには淋しい感がした。

第四章

靖國神社の神に仕えて

明治神宮から靖國神社へ

平成二年九月一日、ときの靖國神社宮司松平永芳氏から招請いただき、勇躍転任して靖國神社に奉職することとなった。國學院大學教授で靖國神社崇敬者総代の森田康之助先生が推薦してくれたのだと思う。

靖國神社からお誘いを受けたときには、忠霊に奉仕できることは男子の本懐と思い、一も二もなく転任を承知した。しかし、ここでも招かれざる客の如しで、当初は居心地が悪かった。それは明治神宮新入職員のときと同じで、職員の序列を乱すことになるからである。私のできることは誠心誠意奉仕する以外にない。そう割り切って奉仕させていただいた。そして、平成九年に宮司に就任した。

御創立百三十年記念事業

平成十一年は靖國神社御創立百三十年の記念すべき年であった。そこで、靖國神社では記念行事を計画した。その計画は次の三件である。

一、祭神名票のデータベース化
二、遊就館新館の建設と改修工事

三、参集殿の新築

まずは祭神名票のデータベース化について。靖國神社の御祭神は二百四十六万六千余柱の英霊が合祀されている。ご遺族や戦友会からの戦歿者の調査を依頼されたとき、祭神名票は一枚のカードからなっているので調べるのに非常に手間がかかる。また、取り出したカードを戻すのを間違えると、後の調査に大変な労を要することになる。加えて、祭神カードは劣化して傷み、インクの文字も薄れ、判読不明になる恐れが生じてきたので、データの永久保存と調査事務の迅速化を図るため、祭神名票のデータベース化を実施した。データベース機構完成後、調査の申し出にも瞬時に資料を提供できるようになり、保存にも万全を期すことができるようになった。

次に遊就館について述べる。靖國神社は国のために一命を捧げた方々を祭神として崇め、日夜慰霊と顕彰のために奉仕している。そこで、遊就館では英霊のご遺品、ご遺影、ご遺書などを展示して英霊の武勲を示し、多くの参観者にご覧いただくことにより、国のために戦ってくださった方々を知っていただくことこそ、英霊の慰霊と顕彰に不可欠と思い、ご祭神に関わるすべての品を大切に取り扱ってきた。靖國神社のご本殿と遊就館の展示室は同格とも言うべき、神社にとって大切な場所なのである。

現在、学校の日本史の教育がおかしくなっていて、ほとんど学ぶ時間がない。もし、一所懸命指導する教員がいても、それは東京裁判史観や自虐史観の塊みたいな左翼教員が多いので、子供たちは父祖の愛した祖国を悪し様に言って恥じない日本人になってしまっている。そこで、本当の日本人として成長してもらうために、日本の近現代史を正しく記載しない教科書に代わり、遊就館の展示を通じて日本の近現代史を知ってもらおうとした。学校教育の場で間違った近現代の歴史が指導されていることを黙視できず、正しい歴史を学んでもらおうと、明治維新以来のわが国の歩みを展示して、大人も子供も学べるようにしたのだ。防衛庁（現在は防衛省）の戦史研究所ＯＢや、軍事史学会の専門家に依頼して、近現代史の夜明けとも言うべき、ペリー来航にはじまる日本近現代の歩みを展示した。解説に英文を加えて展示したので、外国人も大勢観に来るようになった。この展示には左翼の連中が危機感を抱いて、ツアーを組んで見学に来ているらしい。

展覧は、先人たちがいかに国を守るために苦心されたか、いかに誇り高き民族かを学ぶ機会になるようにという目的を持って、展示に力を入れた。

当時はテレビ取材を受けた。応答のなかで、たまたま南京の大屠殺館のことに話がおよんだ。「大屠殺館では等身大の二人の将校の写真を掲げて、百人斬りの実行犯として展示している。しかし、あれは東京日日新聞の戦意高揚のための架空の記事である。実際に存在しなかったことをいかにも事実かのごとく展示するのははなはだ迷惑だ」と言い、さらに「もし、遊就館の展示に間違いがあれば、展示を修正することは、吝《やぶさ》かではない」と付け加えた。ちょうど米国の外交官が遊就館の展示にクレームをつけたという記事が日本の新聞に掲載された

遊就館新館

ところだったので、テレビ局はそのことと私の言を直結させて「靖國神社は遊就館の展示を修正する」と流したので、私は大変迷惑した。

遊就館の展示には左翼連中も危機感を持っているようで、大勢が訪れているらしい。真実や事実は迫力があり、嘘で固めたものは迫力がない。今まで野外に展示していた兵器は、いずれも鋼鉄製なので長年の風雨に晒されて劣化が進む恐れがある。新館の建設により、屋内に移して保存することにした。長年戦地で共に戦い、敵弾に傷ついた兵器は、野外に展示していたのでペンキを厚く塗っていた。室内に移してペンキを落とし、手入れをすると、戦地にあったそのままの姿になり、亡き戦友を偲ぶよすがとなり、顕彰に一段と重みを加えた。

展示室の後半には、多くの戦歿者の写真が飾られている。大変な数の写真だが、皆それぞれに瞳がすんでいる。ご遺族から寄せられたお写真で、順不同である。将官の隣に兵士がきたり、将校の上に少年兵の写真がきたりしているが、どの写真もきりっとした姿で写っている。

遊就館の展示の最後に感想文を書くコーナーがある。そこでは、何人もの中高生たちが「自分たちは学校で近現代の何を学んできたのだろうか」という反省や、「本当の日本の近現代史を学びたい」という感想を書いている。日本浄化のため、靖國神社の果たすべきことは多い。お互いに協力して崇敬奉賛の輪を広げていきたい。

遊就館は戦歿者の慰霊、顕彰の場でもあるので、英霊顕彰のコーナーがある。戦歿者の遺書、遺品、そして戦場で携行していた品や、関連した諸々の品、ご遺族ご提供の戦歿者の写真などを展示している。戦歿者の写真は瞳のすんだ端正の顔立ちで、これがこれから戦場に行く兵士の顔だろうかと思うような風貌、実に惜しい若者たちが戦場に出で立っていった。死を目前に認められた遺書を読むと、これが二十歳代の若者が書いたものだろうかと思うほど立派である。ひとつひとつに感嘆の声を惜しまない。

わが国はかくして護られた国柄である。未来永劫、靖國神社のみたまに感謝の誠を捧げなければならない。

憲兵の碑

参集殿は、老朽化と遺族の高齢化に配慮し、バリアフリーの建築物に新築した。

あるとき、憲兵隊の戦友会である憲友会から境内に憲兵の碑を建立させてほしいとの願い出があった。死ねば靖國神社の花の下で会おうと戦友たちは誓い合い、戦場に赴いた。多くの戦友会が亡き戦友たちのために献木を希望し、献木の申し込みが絶えない。そのおかげで、境内は桜の木で溢れている。

それと同じように、遺族会や戦友会から建碑の申し出も多いが、境内の面積に限りがあるので、建碑の願い出はすべてお断りしてきた。しかし、憲兵の碑に限って、建碑を許可した。それは憲兵隊と靖國神社には特別の関係があったからである。

終戦間際の三月から五月にかけて東京大空襲があった。三度目の空襲のとき、それまでに近隣の住居は次から次と空襲で焼かれてしまっており、東京憲兵隊の九段分遣隊は、益荒男《ますらお》をお祀りするお社は絶対に焼かしてはならないと、警護していた。

憲兵の碑

五月の空襲では焼夷弾がご本殿の屋根に落ち、千木、鰹木が燃えはじめた。ご本殿の屋根は急勾配で、登るのは容易ではない。しかし、九段分遣隊の隊員たちは人の肩から肩への人梯子で登り、刀で火のついたところを削り取り、消火してくれたのである。このような縁で、憲兵隊の申し出を受け入れた。

境内の一番奥の径を入っていくと、梅林の先に碑がある。毎月決まった日に戦友たちが清掃されていた。最近では自衛隊の警務隊ＯＢが引き継いで奉仕されている。

宮様方のご参拝

私が退任する前の春季例大祭には寛仁親王殿下がご参拝くださった。その節、「この九月で定年になり辞めさせていただきます」と申し上げると、「後任は誰かね」とお尋ねになられた。「岩手の南部利昭氏にお願いしました」と申し上げると、すかさず殿下は「神社は殿様ばかり集めてどうするんだ」と仰せられ、大笑いとなった。

実は、崇敬奉賛会の初代会長は土佐の殿様山内候で、二代目は松山の殿様久松候、おまけに南部、久松家は明治維新のときには、ともに官軍ではない。岩手では、南部宮司の出現で賊軍の汚名を返上したと喜んでおられたらしい。

境内の後方に神池がある。手入れをしなかったため、漏水で池の近くにあった茶室の床がおかしくなり、修理するためには神池の補修が先決ということになった。池の鯉を業者に預け、底を浚《さら》って粘土で固め、池畔も手を入れた。この池は、明治十年頃の作で、都内では名園に数えられるという専門家の言がある。例大祭に宮様方がお出ましのときにはご覧いただきたいと思っていた。三笠宮様、寛仁親王と妃殿下、高円宮妃殿下の御四方のお出ましの折、お願い申し上げたところ、参拝後にご覧いただくことが叶った。

遥かなる祖国を夢見つつ異国に果てた戦友たち

国のために尊い命を捧げた英霊を祀る神社が、一宗教法人でいいわけがない、靖國神社は国家護持すべしと主張する民間有志が、政府与党に働きかける運動を展開し、毎年八月十五日に靖國神社の社頭に集まって英霊に感謝のまつりを行うようになった。彼らは靖國會を結成し、昭和三十六年八月十五日に第一回の靖國會の慰霊顕彰の祭典を斎行した。以来、毎年八月十五日に靖國神社で靖國忠霊祭を斎行している。現在、私はこの靖國會の総代を務めている。

平成二十二年八月十五日には五十回という節目を迎え、意義ある祭典を厳粛かつ盛大に奉仕申し上げることができた。この五十回の忠霊祭を記念する行事として、シベリアの抑留戦歿者の慰霊祭を現地で斎行しようという声が上がり、沼山光洋事務局長が中心となり準備が進められた。

かつて、私は南方の戦跡には幾度か祀職として慰霊祭に出向したことがある。ときには五百名余の遺族戦友とともに、二十日間におよぶ慰霊の船旅をした。このときには洋上で慰霊祭を斎行し、赤道を超えたニューギニアのところどころに停泊して慰霊祭を行い、ラバウルに上陸して慰霊祭を斎行した。しかし、今までは北方には縁がなかった。死ぬまでには一度、北方で慰霊祭を奉仕したいと念願していた。そこに、図らずも靖國會の記念事業として、シベリアでの戦歿抑留者の慰霊祭が企画されたのである。

八月三十日に成田を出発し、九月三日に帰国するという日程が組まれた。現地との交渉兼案内役として太平洋戦争戦没者慰霊協会代表理事の秋上眞一氏が同行することになった。さらに、偕行会(陸軍士官学校出身者等の会)の齋須重一副会長(陸軍士官学校五七期生)、野口清秀氏、総山友雄氏(同陸士五七期)の参加も得ることとなった。また、現在は赤坂氷川神社で権禰宜として奉職している神屋宗太郎君(当時は國學院大學神道文化学部二年生)が奉仕員を志願してくれた。彼は不二歌道会前代表の神屋二郎氏(故人)の嫡孫である。

なぜ、抑留戦歿者の慰霊祭を靖國會の記念行事として行うことになったのか。抑留は大東亜戦争が終わってから発生した問題である。昭和二十年八月九日、ソ連は日ソ中立条約を一方的に破って満洲に侵攻してきた。満洲守備の関東軍は主力を南方に注ぎ、兵力が手薄になったにもかかわらず善戦した。よくこれに努めたが、日本政府はもはやこれまでとポツダム宣言を受諾。天皇陛下の玉音放送を謹聴した。

玉音放送を謹聴した関東軍は残存部隊に「承詔必謹」を命じ、粛々と矛を納めることとした。しかし、ソ連は日本が降伏文書に調印する九月二日まで攻撃をやめなかったのである。日本軍は停戦交渉をすべく、白旗を掲げて軍使を派遣した。しかし、ソ連兵がその軍使を射殺するという事件が各地で発生。ソ連はたった一週間の参戦で、満洲、樺太のみならず、北朝鮮や千島列島まで占領した。

武装解除後の丸腰になった日本兵は、シベリア各地の収容所に送られた。徒歩の場合は悲惨であった。夜になると宿舎はなく、野宿するよりほかはない。そのため、一夜にして凍死者が続出した。亡骸を埋葬したいと思っても、凍土は掘ることもできず、路傍に少しばかりの雪を被せて置き去りにするより方法がなかったらしい。病気と飢餓と極寒に耐え、徒歩で行軍した。途中、ソ連兵の略奪などの被害に遭いながら主要駅に集められた。いよいよ帰国かと希望に胸を膨らませながら集結したが、そこで千名ほどの大隊に編成され、在留邦人の涙に見送られながら貨物列車に詰め込まれたのである。この時点でもまだ帰国と信じていた兵士も多くいたようだ。やがて、貨物列車は北に向いて走っているのに気づいても、いかんともしがたく、氷雪吹きすさぶ極寒のシベリア行きが決定づけられたのである。

世界は平和に向けて希望あふれる第一歩を踏み出したが、ソ連に抑留された日本人だけが帰国の夢を断たれ、極寒のシベリアや各地の収容所において苦難との闘いが開始された。抑留者収容所はシベリアだけではなく、広大なソ連全土におよんだ。北は北極圏のマガダン、東は沿海州、西はモスクワから黒海周辺、南は中央アジア。収容所の数は分所まで含めると千八百から二千ヶ所におよんだらしい。

収容所の日常は、零下三十度を超す極寒である。ただでさえ粗悪な食糧が、途中のピンはねによってさらに劣悪な給養による極度の栄養不足。加えて強制労働に身も心もずたずたになる。当初、収容所の運営は日本軍の軍律により順調に運ばれていた。しかし、上官の行状を暴き、民主化と称して吊るし上げ、ソ連の民主化政策に反する者の密告などがあり、また、体制に忠実な者から帰国させるというソ連兵の甘言に左右されて疑心暗鬼を生んだ。そして、精神的、肉体的な心身の疲労は困憊の極に達し、極度の栄養失調にくわえて病魔にも侵されるなど、切なきまでに望郷の思いに駆られつつ、ついに祖国の土を再び踏むことなく、異国に朽果てた数多の同胞の無念さは筆舌に尽くしえない。

収容所によっては六〇％の日本人が死亡したという。朝、目を覚ますと、隣に寝ていた兵士が冷たくなっている。誰にも知られずに息が絶え、死体を埋葬しようにも凍土は鶴嘴《つるはし》で掘り起こしても数センチしか掘れず、止むをえず表に野積みにして春を待った。春になって埋葬しようとしても、地面は少し掘れば凍土で掘れなくなる。遺体は野積みにされていたためにばらばらになった部分もあり、整った個体としての埋葬もままならなかったらしい。帰還兵のこの述懐は、涙なしに語ることはできない。

靖國會第六代総代の草地貞吾は関東軍の作戦参謀を務め、陸軍大佐で終戦を迎えた。ソ連の意に従わなかったため、抑留者では一番長い十一年半もの不法な抑留生活を余儀なくされ、靖國會前事務局長の山崎浩一郎も抑留経験者である。

このような方々と、多くの抑留者の遺族や抑留帰還者の気持ちを忖度して、ハバロフスクの慰霊祭は計画されたのである。そして、多くの有志の物心両面の支援をえて、出向することができた。

シベリア抑留戦歿者慰霊祭

慰霊祭は八月三十一日午後二時にハバロフスク市郊外のシベリア平和慰霊公苑で実施した。当初はシベリア平和慰霊公苑内の慰霊碑前で斎行する予定であった。しかし、急に風が強くなったために予定の場所では祭壇などが安定しないので、場所を変えて、レンガ造りの円筒形の碑のなかに祭壇を設置した。慰霊碑はレンガ造りで、左右の壁面には日本語、反対側にはロシア語で書かれており、前後は空洞で天井のない造作物である。

日本語の碑文には、「日本人死亡者慰霊碑」と大文字で書かれている。

その下に、

先の大戦の後
一九四五年から一九五六年までの間に
祖国への帰還を希みながら、この大地で亡くなられた
日本人の方々を偲び　平和への思いをこめて

この碑を建設する
日本国政府
平成七年七月三十一日

と記されていたが、何かピンとこない。これを見ると広島の原爆の碑の「過ちは繰返しませぬから」と同じように、非常な違和感を覚える。本来、この碑は「抑留」や「強制労働」に触れなくてはならない。ロシアに建設したという事情を斟酌しても「零下三十度以下の極寒の地で」死にいたったということぐらいは記さなければ、死亡した方々の慰霊にはならない。

斎場の祭壇には、故郷の香を届けようと日本から持参した海の幸、山の幸、米、塩、昆布、スルメ、シイタケなどの乾物に加えて、味噌、そして靖國神社より頂戴した日本酒やご紋菓を供えた。日本の煙草もお供えした。生物の野菜、果物、魚は持参することができないので、現地の市場で調達した。さらに、靖國神社のご好意により、祭具の榊類も持参することができた。

晴天だった空模様があやしくなり、祭壇設営の頃より風が激しくなってきた。いよいよ着装の段になって、斎服に袖を通そうとしたら風にあおられ、片手はどうにか手を通すことができたが反対の手を通そうにも風を孕んだ舟の帆のようなことになって、なかなか着装できなかった。それでもどうにか支度を整え、祭典をはじめる段になると、不思議なことに烈風

シベリヤ慰霊祭の様子

がピタッと止んだ。そして、嘘のように雲間から陽光も耀き、誠に静寂ななかで祭儀を終えることができた。着装のときには英霊たちがお怒りになられて祭典を拒んでいるかのように思えたが、いざ祭典がはじまると無風状態になり、不思議な現象に驚愕した。とにかく、五十年近い神職の経験のなかで、初めての体験であった。

ハバロフスクではガリーナ・N・ポタポヴァ女史が現地の世話役をしてくれた。彼女は平成九年にシベリア平和慰霊公苑を建立した際、企画立案から完成にいたる間の協力者で、ロシアを訪れた多数の日本人参拝者の便宜を図り、遺骨収集にも寄与された方である。そして、彼女の平和貢献活動に対し、天皇陛下およびロシア連邦大統領から勲章、褒章を授与されている。今回も日本総領事館にも接触などの便宜を図ってくれて、祭典にも参列し、慰霊祭の感想を述べてくれた。彼女は「仏式の慰霊法要は何度も見たが、神社神道式の慰霊祭は初めての経験で、大変清潔で厳粛な感じが心を打った」と述べ、神式の資料が欲しいと要望された。そして、これを機に神道系の慰霊祭がもっと多くなることを希望された。なお、今回の慰霊祭に参列された他の方々も、はるばる来た甲斐があったと喜んでくれた。

シベリア抑留は戦争史上いまだかつて一度も記録されたことのない大事件である。本来ならば祖国日本に帰国して、国土復興の担い手となるべき将兵が、火事場泥棒的な戦勝国ソ連の甘言に乗せられ、長い人では十一年半もの間抑留され、飢えと厳しい寒さと強制労働と思想戦に耐えて、ただただ望郷の切なる思いを胸に日々を闘ってきた。しかし、ついに夢破れて異国の凍土に身を横たえた六万名の抑留戦歿者のみたまに対し、我々のできることは慰霊と感謝の祭りを斎行することだけである。一人でも多くの神職の奉仕を希望する。とくに青年神職の奮起を願い、多くの国民の参加を願ってやまない。

靖國神社第七代宮司大野俊康大人命《うしのみこと》

平成二十五年四月十六日、私の前任者である靖國神社第七代宮司の大野俊康大人命が帰幽された。

大野宮司の靖國神社宮司としての在任期間は宮司定年制もあって、平成四年四月から同九年五月までの五年余ときわめて短かった。しかし、その奉仕振りは誠にご精勤で、祭祀の厳修はもちろん、日常の実務万般にわたりお心を配られていた。終戦五十周年を迎えるにあたっては、神門の改修工事を見事に完成した。また、日本遺族会や神社本庁などの五十年記念の慰霊祭も奉仕した。

遊就館では「学徒出陣五十周年特別展」を開催し、続いて「大東亜戦争終戦五十年展」を開催した。この両展覧会は大好評のため会期を大幅に延長したほどである。そして、その記録を『いざさらば我はみくにの山桜』『散華の心と鎮魂の誠』（ともに展転社）として出版し、両書も大好評である。

靖國神社では毎月、社頭に英霊の遺書や書簡を提示している。その遺言や書簡をまとめて『英霊の言之葉』として刊行したのも大野宮司であった。

また、宮司退任後には『特攻魂のままに』（展転社）を出版している。

大野宮司の功績は今も燦然と輝いているのである。

大野俊康宮司

誇りある国家再生のために

平成二十五年の干支は巳歳であり、巳歳生まれの筆者は実に八度目の巳歳に巡り会う幸運に恵まれた。三年三ヶ月の民主党政権下にあって呻吟してきた国民は、病気とはいえ一度は政権の座から滑り落ちた安倍晋三氏を総裁として担いだ自由民主党に再度政権を託そうと支持し、自民党は民主党から政権を奪還した。そして、自由民主党と公明党との連立政権が誕生し、安倍晋三内閣の再度の登場となった。

安倍氏は過去の失敗にめげることなく、多くの人材のなかから這い上がって、見事総裁の座を勝ちえた。組閣や党の人事についても妙を尽くし、施政の要点を見極め、経済政策、外交、国防、教育、震災復興に目を注ぎ、民主党政権下にずたずたになった外交問題に重点を置いているようだ。

民主党政権下では、米国との外交で齟齬をきたす間に、中共、ロシア、韓国には足元を見透かされて、わが国にとって屈辱的な行動が行われてきた。とくに中共は、わが国固有の領土である尖閣諸島を、隙あらば掠めとろうと虎視眈々と窺っている。今や中国艦船の尖閣諸島周辺のわが国領海水域への侵犯は日常茶飯事化しており、最早厳然たる対応に迫られている。領土死守の気概なくては守れない。法の整備と現実に即応する行動は緊急を要する。

それにつけても、わが国有事の際に、国のために尽くした英霊に感謝と慰霊の誠を捧げることを疎かにしていては、真剣に国を守ろうとする気概が湧いてこない。このようなときこそ、為政者は靖國神社の存在を再確認して、参拝すべきである。もちろん、外交問題から外す工夫も求められる。また、伊勢の神宮、日本の近代化の先頭に立たれた明治天皇を祀る明治神宮に年頭参拝することを恒例化してもらいたい。政治の安定と国民の団結により、誇りある祖国の再生を願ってやまない。

第五章　昭和殉難者合祀

戦犯の名誉回復

戦後、ようやく人心が安定してくると、戦歿者やその遺族に対して、遺家族援護法や恩給法の改正などによって救済される運びとなった。そして講和条約も発効し、わが国は主権を回復することになった。しかし、東京裁判をはじめ、南方その他各地の軍事裁判で、ろくに法廷の審理もせず、弁護士もいないという即決裁判で処刑された将兵は、判明しているだけでも千六十八名に上る。そして、そのほとんどが冤罪である。

これらの将兵の遺族、有期刑にて服役中の将兵およびその家族は、国家からの援護がなく、個人の財産を勝手に処分することすら許されず、大変な苦労を強いられた。ジャーナリストの斎藤吉久氏の言を借りれば、戦犯の赦免、減刑の動きは、「敵を愛せ」というキリスト教精神に基づいてフィリピンで開始された。国内では講和条約発効後、日弁連など民間団体が戦犯赦免の署名運動を展開。それを受けて日本政府が勧告した後、連合国側が減刑、保釈に動き出し、インドと台湾（国民党政府）が欧米各国に先駆けて「A級戦犯」釈放を承認した。そして国内では、「戦犯にも恩給を」という国民の強い要望から恩給法が改正され、刑死、獄死した戦犯を公務死と認めた。それにより、扶助料が支給され、戦犯合祀の道が開かれたのである。さらに、国民の要望を受け、厚生省が沖縄・ひめゆり部隊を軍属と認定し、靖國神社に合祀したことが戦犯刑死者や終戦時の自決者の合祀に先鞭をつけた。

意外に壁が厚かったのはアメリカで、終戦十年の昭和三十年に「A級戦犯」釈放に踏み切った。最後まで難航したのがソ連と支那（新中国）で、ここでは戦犯の洗脳教育が行われ、国交正常化交渉の駆け引きに政治利用された。さらに、朝日新聞が今では考えられないほど、戦犯者に同情的であったと記述している。

戦犯処刑者や終戦時の責任自決をされた方々を、靖國神社では維新殉難者の先例に倣い、昭和殉難者と呼称することにした。そして戦死、戦傷死、戦病死に対し、法務死という一項が加わった。

靖國神社に合祀することに障害がなくなったので、逐次いわゆる「B・C級」の法務死の方々の祭神名票が厚生省から靖國神社に回付された。しかし、いわゆる「A級戦犯」の方々の名票は、厚生省にも多少逡巡があったのか、昭和四十年代になって回付されてきた。

筑波藤磨宮司

靖國神社では何回か崇敬者総代会に諮り、すでに筑波藤磨宮司の時代に合祀の決議をしていた。宮司は「折を見て合祀します」と答弁している。ただ、その頃の衆議院では「靖国神社国家護持法案」が検討されていた。最初は内閣委員会にもかけられなかった議案が四、五年経つと委員会で可決され、とうとう本会議で自民党の単独採決という強行突破で可決した。その法案を見て、日本遺族会も靖國神社も驚愕した。法案の中身を確認すると、「靖国神社国家護持法」という名称ながらも、靖國神社という名前以外は何も残らない。例えば、御本殿のなかの御神座は表に出して記念物として展観させる。神職はすべて廃し、首相の選んだ理事長以下にて運営する。鳥居を撤去する。このような内容だったのだ。これでは、神の存在を認めない神社となってしまうので、とても受け入れられる法案ではなかった。そこでこの法案には賛成せず、廃案となった。

このようなこともあり、昭和殉難者の合祀は遅れていたが、筑波藤麿宮司が死去。後任の松平永芳宮司が再度崇敬者総代会に諮り、合祀することになった。そこで、合祀に必要な手続きを進めた。

まず、霊璽簿、上奏簿、祭神簿を作成し、例年のごとく例大祭の前に宮内庁に届けた。合祀した昭和五十三年、宮内庁から「両陛下が地方に行幸啓になられ、御不在のときである」と連絡があり、届け日を変更した。侍従職の方が「その年は例大祭が終了してから上奏簿が届いた」と言っていたが、そのようなことはありえない。宮内庁が上奏簿を受け取ってから勅使の御差遣の御通知をいただくので、もし上奏簿が届いていないとなれば勅使の御差遣はなしとなるからだ。合祀祭と例大祭は勅使参向の下で行うので、それだと祭典が成立しなくなる。

松平永芳宮司の忠誠心

崇敬者総代会の議決にしたがい、速やかに昭和殉難者を合祀された松平宮司の決断力には喝采を贈りたい。松平宮司は、敗戦史観、自虐史観から抜け出す近道は、東京裁判史観からの脱却であると考えておられた。そして、東京裁判は、講和条約締結でわが国が主権を回復する前の、戦勝国の一方的な復讐劇だと断じていた。さらに、国法でも戦歿者と同じ扱いをしているので、合祀は当然とのお考えだったのである。

合祀の手続きでは、姑息な手段を用いるようなことはしていない。まず、宮内庁に合祀者名を記した上奏簿を提出し、上奏簿と同じ形の霊璽簿にも記載した。そして、夜の霊璽簿奉安祭で霊璽簿を相殿から本殿にお移しし、一夜明けた臨時大祭の合祀祭をかねた例祭には勅使が参向し、正々堂々の合祀祭を斎行した。そして、晴れて靖國の神になられたのである。

松平永芳宮司

この合祀がマスコミに洩れたのは、翌年春の大祭前で、ときの首相は大平正芳。記者の「首相はキリスト教徒だが靖國神社に参られるのですか」との質問に、「日本人として参拝する」と答えられた。「A級戦犯が合祀されていても行くのか」との問いには、「行く」

と答え、「その判断は後世の歴史がするだろう」と付け加えた。実に堂々としていた。

松平永芳宮司は実に尊皇愛国の人であった。皇族出身の筑波藤磨宮司が逝去され、越前藩松平春嶽公の孫で、最後の宮内大臣の慶民氏を父親に持つ松平永芳氏が後任として就任された。松平宮司は海軍機関学校の出身で、戦後は陸上自衛隊で東京オリンピックの後方支援業務などを担当された。松平氏が宮司に就任しての最初の仕事が、昭和殉難者の合祀を申し上げることだった。

世間では、昭和殉難者の合祀は松平宮司が独断で実施したかのように思われているようだ。しかし、決してそうではない。靖國神社の議決機関である責任役員会で決定し、崇敬者総代会にも諮っている。さらには前任の筑波宮司のときにも役員総代会で諮り、合祀することが決定している。合祀の時期にちょうど松平氏が宮司だったのだ。

松平宮司は戦前には海軍軍人として大東亜戦争に参戦している。終戦を迎えたときは海軍少佐であった。戦後、自衛隊の創設により、思うところあって陸上自衛隊に入隊。その思うところとは、皇室を強く思う心であり、禁闕守護の一念から陸上自衛隊に鞍替えしたと申されたことがある。戦後の混乱期、ＧＨＱの指令の下に多くの拘禁中の思想犯が釈放され、左翼指導者が大手を振って闊歩した。松平宮司のご尊父である慶民氏が宮内大臣のとき、戦後初のメーデーが皇居前で行われ、「米よこせ」と叫ぶ一団が赤旗を押し立てて、「天皇の台所を見せろ」と怒号して皇居へ侵入してきた。その一週間後の食糧メーデーのとき、「朕はタラフク食っているナンジ人民飢えて死ね」と書いたプラカードが出た。松平宮司は、皇室の万が一のときは誰が皇居を守るのか、海上に浮かんでいては急場に間に合わないと考え、陸上自衛隊に入ったそうである。

天皇陛下を崇敬する松平宮司の気持ちは、宮内庁にお勤めの誰よりも強いと思う。これは、ご尊父の日頃の訓育の賜物だろう。

当時は「靖国神社国家護持法案」が衆議院の内閣委員会にかけられ、結果は六年もかかって廃案になった。靖國神社としては法案の結末を待ってから、昭和殉難者の合祀を検討しようとしていた。そのため、合祀までには数年の間があったのだ。

松平宮司になってから合祀を申し上げたが、筑波宮司時代に少なくとも二度、靖國神社の崇敬者総代会に諮られ、合祀が議決されている。私はこの目で議事録を確認している。

崇敬者総代会は靖國神社の最高議決機関である。合祀する時期に筑波宮司がたまたま急逝されたのである。もし存命であれば、議決されたものを執行しなければ職務怠慢のそしりを免れない。松平氏は宮司就任後、再度崇敬者総代会に諮って合祀を決定し、昭和五十三年十月に霊璽簿奉安祭を斎行し、いわゆる「A級戦犯」を「昭和殉難者」として維新殉難者に倣い合祀申し上げたのである。

このことはとくに広報していない。しかし、遺族にはお知らせしたいと、合祀後の例大祭の宮司挨拶で「白菊遺族会にかかわるみたまを合祀申し上げた」と言葉を添えた。白菊遺族会とは昭和殉難者の遺族会で、その祭典に白菊遺族会会長の木村可縫さん（処刑された木村兵太郎陸軍大将夫人）が参列されていた。のちに「自分たちの目の黒いうちはこのようなことはないと思っていたから、大変嬉しかった」と木村さん本人からうかがった。

講和条約発効後、遺家族援護法、恩給法などが数次の改正の後、戦争犯罪で刑に服した者も、戦歿者と同待遇を国から受けることとなった。例えば、三年以上の禁固刑に服すと恩給の支給権は剥奪されるが、戦犯で刑に服した揚合は、逆に兵役などの公務にその服役期間が通算されるようになった。これにより、祭神名票が逐次厚生省から回付されることになり、合祀甲し上げることになった。戦前、陸、海軍省が行っていた戦歿者の合祀を、宗教法人靖國神社が行うこととなり、誠実に、誤りなきよう勤めて、戦前の軌跡を過つことなく、継続奉仕申し上げてきたのである。

今、皇室の危機などという言葉が平気で使われているが、「富田メモ」のごときものが巷間に流出すると、ますます皇室に対する尊厳さを失わせ、国内から皇室のありようが壊されてしまうのではないか。松平宮司は、ご尊父が宮内省時代の関係文書はすべて焚書にしたと語っていた。また、皇室の藩屏を任じていたので、皇室の関係者に諫言を申し上げたり、苦言を申したりしていたため、宮内庁関係者には煙たがられていたと申されていた。

松平宮司は中曽根首相の公式参拝については大変なご立腹で、「人の家に土足で入ってきた」「弓削の道鏡にも等しい」などの発言があった。中曽根首相も松平宮司を「頭の固い人物だ」

などと言っており、お互いに鋭い対立があった。

昭和六十年八月十五日、首相として公式参拝するという前提で、一年ほど前（昭和五十九年八月三日）から藤波官房長官の下に「閣僚の靖国神社参拝問題に関する懇談会」を設置した。そして、二十一回の会議を約一年かけて行い、懇談会は藤波官房長官に報告書を提出した。これを受け、中曽根首相は憲法に抵触しない方式で八月十五日に公式参拝したいと靖國神社に申し出てきた。これに日本遺族会も同調した。ところが、あまりにも神社の伝統的な習俗を無視した参拝に対し、松平宮司は激怒した。そして、一時は険悪な空気に包まれたが、遺族会の執り成しで参拝を承諾した。それでは、官邸からしかるべき挨拶が必要ではないかと告げた。そこで、来社した藤波官房長官に松平宮司は神社の考えを述べ、そのときに松平宮司は先述した中曽根に対する言葉を長官に述べたらしい。

その後、中共からの干渉があり、国内ではいわゆる「A級戦犯」の分祀（合祀取り下げ）の動きがあった。しかし、靖國神社は合祀取り下げを拒絶した。それ以来、首相の靖國神社参拝は小泉首相まで中断されたのである。

松平宮司は平成十七年七月十日に逝去されるまで、昭和六十年の中曽根参拝を悔いていた。それ以来、二人の関係は犬猿の仲となり、その延長線上に「富田メモ」が浮かんでくるのだ。松平宮司を貶めれば、自然に富田の上司の上司である中曽根の株が上がると考えたのだろう。このことについては次章で詳述する。しかし、そのために、天皇陛下を利用するのは不謹慎である。
平成十七年、私はすでに靖國神社宮司を退任していたときのことだが、小泉首相が秋季例大祭初日の十月十七日に参拝した。この日は昨年までと違い、昇殿参拝ではなかった。私服で拝殿前に行き、ポケットから硬貨をつまみ出して賽銭箱に入れ、一礼して帰っていった。一般の国民の場合、このような社頭での参拝でもいいのだが、一国の首相としてはいかがなものか。小泉首相はこの参拝で、心ある日本人の顰蹙を買ってしまったのである。

野田佳彦議員の質問主意書

小泉首相が靖國神社を参拝した平成十七年十月十七日、民主党の野田佳彦衆議院議員がいわゆる「A級戦犯」についての「質問主意書」を小泉首相に提出した。質問主意書は議員が活動の中で疑義が生じたとき、内閣に対して質問を発し、内閣は一週間後に議長を通じて答弁書を寄せるものである。野田議員の質問は次の通り。

総理が「A級戦犯」を戦争犯罪人と認める限り、総理の靖國参拝の目的が平和の希求であったとしても、戦争犯罪人が合祀されている靖國神社への参拝自体を軍国主義の美化と見做す論理に反駁できない。

極東国際軍事裁判に言及したサンフランシスコ講和条約十一条とそれに基づく衆参合わせて四回におよぶ国会決議と関係諸国の対応によって、A・B・C級すべての「戦犯」の名誉は法的に回復されている。すなわち「A級戦犯」は戦争犯罪人ではない。戦犯が合祀されていることを理由に、参拝に反対する論理は既に破綻していると解釈できる。

野田議員の主張は、講和条約十一条や四回におよぶ国会決議によって名誉は回復しているということで、ゆえに靖國神社に合祀されて当然ということである。

これに対し、政府答弁は相変わらず明快さを欠き、「国内法では戦争犯罪人は犯罪人ではない」と言いながらも、「極東国際軍事裁判を平和条約十一条により受諾した」と述べ、曖昧さを残している。

戦後すでに七十年、安倍内閣は今こそこの問題に終止符を打つべく真剣に取り組み、昭和殉難者の名誉を一日も早く回復し、三権の長をはじめ公職にあるものが堂々と参拝できる道筋をつけ、さらに天皇陛下の御親拝へとつなげていただきたいものである。

「A級戦犯」合祀取り下げ運動

平成十八年、国会図書館から『新編　靖国神社問題資料集』が刊行され、戦前の合祀についてわかってきたことも多い。戦後の合祀事務は、新憲法の政教分離の原則から、政府の手を離れて、靖國神社が行うことになった。しかし、二百万余りの未合祀の戦歿者を私法人の手で合祀することは苦心を要することとなった。ある時期に法律の改正があり、軍事裁判で処刑された方々の遺族も、戦歿者の遺族同様の扱いを受けることとなり、合祀も可能となった。B・C級の軍人からはじめ、最後に「A級戦犯」と称される方々の名簿が回付されてきた。靖國神社では、このことに数回の崇敬者総代会を開催し、合祀する決定がされていた。

その頃、衆議院にて靖国神社国家護持法案が毎年議論されていたが、政争の具にされていた。その様子を見届けてから合祀しようとしていたが、合祀をしないうちに筑波宮司が急逝し、後任の松平宮司が昭和五十三年秋の例大祭の前に合祀したのである。翌昭和五十四年春には、いわゆる「A級戦犯」合祀をマスコミが大騒ぎし、大平正芳総理は「歴史が審判する」と発言したことは先述した通りである。

昭和六十年、中曽根総理は、公式参拝すると意気込んで、八月十五日に参拝している。しかしその後、中共と韓国が戦犯を祀る神社に総理が参拝したと猛反発。官房長官の後藤田が合祀取り下げ運動を展開するにいたった。靖國神社にも合祀取り下げの要請があったが、靖國神社はお断りしている。遺族会やいわゆる「A級戦犯」の遺族までもが、合祀取り下げに賛成した。ただし、東條家だけは賛成しなかった。東條家次男の輝男氏は、取り下げに異を唱え、正論を展開した。

その理由は、

一、合祀は自分たち（遺族）が靖國神社に依頼したものではない。合祀取り下げを遺族が申し出るのは筋違いである

二、東京裁判を正規の裁判とは思っていない。もし合祀取り下げを願い出れば、侵略戦争を認めたことになるし、二百万将兵を侵略者の手先としてしまう

というものであった。

第六章　富田メモの検証

日経新聞が「富田メモ」をスクープ

平成十八年七月二十日、日本経済新聞朝刊の一面記事に、大きな活字で横書きの「A級戦犯　靖国合祀」という見出しがあり、さらに大きな活字で「昭和天皇が不快感」と書いてあった。そして、これも横書きの大きな活字で「参拝中止、それが私の心だ」「元宮内庁長官88年、発言をメモ」とあった。そして横書きの「富田メモ」のコピーが掲載されていた。

昭和六十三年、昭和天皇が靖國神社のいわゆる「A級戦犯」合祀に強い不快感を示され「だから　私あれ以来参拝していない。　それが私の心だ」と、当時の宮内庁長官である富田朝彦に語っていたことが、日経新聞が入手した富田メモでわかったというのだ。

そのメモの原文は、次の通り。

私は　或る時に、A級が合祀され　その上　松岡、白取《（ママ）》までもが。
筑波は慎重に対処してくれたと聞いたが
松平の子の今の宮司がどう考えたのか　易々と
松平は　平和に強い考があったと思うのに　親の心子知らずと思っている
だから　私あれ以来参拝していない。　それが私の心だ日経新聞は、靖國神社に参拝しない理由を昭和天皇が明確に語り、その発言を書き留めた文書が見つかったのは初めてで、「昭和天皇が参拝しなくなったのは、A級戦犯合祀が原因ではないか」との見方が裏づけられたとした。

靖國神社についての発言メモは昭和六十三年四月二十八日付けである。文中の「松岡」「白取」は昭和殉難者として合祀されている松岡洋右元外相、白鳥敏夫元駐伊大使であり、「筑波」は、昭和四十一年に厚生省からいわゆる「A級戦犯」の祭神名票を受け取りながら合祀しなかったとされる、当時の靖國神社宮司の筑波藤磨を指すと見られている。

さらに「松平の子の今の宮司がどう考えたのか」の「松平」とは終戦直後に最後の宮内大臣を務めた松平慶民氏のことで、「今の宮司」とはその長男で、いわゆる「A級戦犯」を合祀したときの松平永芳宮司であろう。

もう少し、日経新聞の内容を見てみる。

このメモは時代の貴重な証言で、富田氏の人柄をよく知る関係者は「事実を曲げることは考えられず、メモの信頼性は極めて高い」と口をそろえるとしている。

松平宮司については「すべて日本が悪いという東京裁判史観を否定しない限り日本の精神復興はできない」と合祀の理由について月刊誌で述べており、さらに「日本とアメリカその他が完全に戦闘状態をやめたのはサンフランシスコ講和条約を発効した昭和27年　4月28日だ」としており、戦闘状態にあるとき行われた東京裁判は軍事裁判で、処刑された人々は戦場で亡くなった方と同じであると、合祀の正当性を主張していたことに触れている。

そして、筑波宮司については、「A級戦犯は後回し」「生前、長男に語る」という見出しをつけた記事がある。筑波宮司は皇族出身で、昭和四十一年に厚生省から祭神名票を受け取りながら、合祀を差し止めた。そのため、筑波宮司は天皇の気持ちを汲み取っていたのではないかとの見方もある。合祀を差し止め続けたことについて、筑波宮司の長男の常治氏は「父から天皇の気持ちについて聞いたことはない。父は『BC級戦犯は被害者なので祀るが、A級は戦争責任者なので後回しだ。自分の生きているうちは合祀はないだろう』と語った」と述べている。

『昭和天皇独白録』の出版に携わった作家の半藤一利氏の話として「思いもがけぬほど素直に、かつ詳しく書かれた昭和天皇の言葉に、本当に息を呑んだ。正しく信頼できる新資料である。天皇に信頼されていた富田長官は、よくぞ貴重にしてものすごい史料を残しておいてくれたものだ」と述べている。

以上が平成十八年七月二十日の日経新聞朝刊の「富田メモ」に関連する記事の要約である。

その日の夕刊の見出しだけを拾ってみると「昭和天皇発言メモに波紋」「『靖国』議論が加速」「官房長官『参拝は首相判断』」とある。そして、「合祀の是非や分祀論の論議が加速しそうだ」と報じ、政府与党、野党からの賛否のコメントを載せていた。

二十一日の産経新聞は「昭和天皇　富田メモ」「分祀へ政治利用の恐れ」と警鐘を鳴らし、

小泉首相の靖國神社参拝を批判するグループの「A級戦犯分祀論」が勢いづきそうだとしている。

小泉首相の勇断

二十日の夕方、小泉首相は日経新聞の記事に対して、自身の参拝について「影響はない」と言い切り、政府筋も「皇室は政治利用しないのが一つの見識だ」として、事態の早期沈静化を図るべきだとの考えを示した。

分祀（合祀取り下げ）論は以前から中曽根康弘元首相が唱え、平成十八年には日本遺族会会長の古賀誠も提唱。さらに与謝野馨経済財政担当相や森喜朗元首相らも提唱しだしている。憲法の政教分離原則から政府が宗教法人の靖國神社に指示や命令ができないため、分祀を狙って取りざたされているのが、麻生太郎首相が外相のときの発言の別法人への移行論であった。当時の小泉首相は分祀について「一宗教法人に政府として言わない方がいい」と一蹴した。

小泉首相は自民党総裁選の公約として「自分が首相に選ばれれば、八月十五日に必ず靖國神社に参拝する」と発言していた。平成十三年、首相就任一年目の秘書団のチームワークよろしく、八月十五日の参拝に備えて首相談話も用意し、準備は着々と進められていた。ところが、十五日が近づくにつれ、参拝に反対する福田官房長官や加藤紘一、山崎拓などの自民党役員や公明党幹部の動きが激しくなってきた。しかし、秘書団は十一日が土曜日、十二日が日曜日だったため、さらに、八月はお盆の月でもあるので帰郷する者や避暑に行く者など休暇を消化していたのだ。その間に反対派連中は首相に膝づめ談判した。そして、とうとう中共と韓国の反対も考慮する形で小泉首相が折れてしまい、二日前倒しの八月十三日に参拝することになったのである。

八月十五日の参拝でなくても中共と韓国の非難は猛烈であった。それでも、小泉首相は毎年靖國神社への参拝を継続し、ついに退任する平成十八年を迎えたのである。

小泉首相は平成十八年九月に自民党総裁の任期が満了となるので、この年こそ八月十五日に参拝して公約を果たすだろうと予想されていた。日経新聞は首相の靖國神社参拝を混乱させようとの意図があるかのように、その直前のスクープであった。日経新聞の望みは、八月十五日に首相が靖國神社に参拝しないことであったに違いない。しかし、小泉首相の決断によって、日経の望みは果たせなかった。平成十八年八月十五日、小泉首相は公約を実現させ、堂々と靖國神社を参拝したのであった。

産経新聞社説欄

さて、富田メモに対するマスメディアの反響は、富田長官に与する報道が多かったように思える。しかし、七月二十一日の産経新聞社説欄の主張では、「富田長官メモ」「首相参拝は影響されない」という記事もあった。

それはおよそ次のような内容であった。


昭和天皇がいわゆる「A級戦犯」の松岡洋右元外相らが靖國神社に合祀されたことに不快感を示したとされる富田朝彦元宮内庁長官のメモが見つかった。昭和天皇の思いが記された貴重な記録だ。昭和天皇が松岡元外相を評価していなかったことは、文藝春秋発行の『昭和天皇独白録』にも記されている。富田氏のメモは、それをあらためて裏づける資料だ。

メモでは、昭和天皇は松岡氏と白鳥敏夫元註伊大使の二人の名前を挙げ、それ以外の「A級戦犯」の名前は書かれていない。靖國神社には、巣鴨で刑死した東條英機元首相ら七人、未決拘留中に死亡した東掷茂徳元外相ら七人の計十四人の「A級戦犯」が祀られている。メモだけでは、昭和天皇が十四人全員の「A級戦犯」合祀に不快感を示していたとまでは読み取れない。政界の一部で、九月の総裁選に向け、「A級戦犯」を分祀しようという動きがあるが、富田氏のメモはその分祀論の根拠にはなりえない。

天皇の靖國神社参拝は、昭和五十年十一月を最後に途絶えている。その理由について、当時の三木武夫首相が公人でなく私人としての靖國神社参拝を強調したことから、天皇の靖國神社参拝も政治問題化したという見方と、その三年後の昭和五十三年十月に「A級戦犯」が合祀されたからだとする考え方の二説があった。

富田メモは後者の説を補強する一つの資料といえるが、それは学問的な評価にとどめるべきであり、「A級戦犯」分祀の是非論に利用すべきでない。まして、首相の靖國神社参拝をめぐる是非論と安易に結びつけるようなことがあってはなるまい。

昭和二十八年八月の国会で、「戦争犯による受刑者の赦免に関する決議」が全会一致で採択された。これを受け、政府は関係各国の同意を得て、死刑を免れた「A級戦犯」や、アジア各地の裁判で裁かれた「B・C級戦犯」を釈放した。また、刑死、獄死した戦犯の遺族に年金が支給されるようにもなった。

戦犯者は旧厚生省から靖國神社へ送られる祭神名票に加えられ、これに基き「昭和殉難者」として同神社に合祀された。この事実は重い。

為政者は富田メモに左右されず、国民を代表して堂々と靖國神社に参拝してもらいたい。

『文藝春秋』誌上での鼎談

その後、富田メモは新聞や雑誌などで多く取り上げられた。それらのなかで、大東亜戦争や靖國神社問題など昭和史に造詣が深い半藤一利、秦郁彦、保阪正康の三氏が、平成十八年九月の『文藝春秋』（特別号）誌上で「徹底検証　昭和天皇『靖国メモ』未公開部分の核心」と題した鼎談の記事が掲載されていた。

その中で富田メモの靖國神社に関連したことを見ていく。

保阪　七月二十日の日経新聞朝刊がスクープした「天皇のご発言メモ」には驚きました。（中略）昭和天皇はA級戦犯の合祀が原因で参拝をやめ、「それが私の心だ」と語っているというんです。（中略）

半藤（中略）富田メモが貴重なのは、昭和六十二年九月に昭和天皇が病に倒れてから開腹手術を受け、亡くなるまでの約二年間のものが多いことです。（中略）

秦（中略）この二年分のメモの分量と内容を見るかぎり、「言い残したことを、信頼できる長官に伝えておこう」という昭和天皇の意志が感じられる。（中略）メモからは、富田長官の、けれん味のない実直な人柄が伝わってきます。（中略）

保阪　日経が公開した靖国参拝に関するメモの原文は、昭和六十三年四月二十八日付けとして、こう書かれています。（中略）

これまで、昭和五十年十一月を最後に天皇の靖国参拝がとだえている理由には二説ありました。同年八月十五日の三木総理の参拝以後、公的か私的かが問題になったためという説と、昭和五十三年十月にA級戦犯が合祀されたためというもの。しかしこの史料が真実ならば、後者でひとまず決着がつくことになります。

次は合祀した宮司を次のように語っている。

保阪　（中略）天皇が第一に伝えたかったのは、強引なA級戦犯合祀を行なった松平永《なが》芳《よし》宮司への怒りではないでしょうか。というのも、メモで靖国神社の宮司の評価が明確に書かれているからです。

《筑波は慎重に対処してくれたと聞いたが
松平の子の今の宮司がどう考えたのか　易々と
松平は　平和に強い考があったと思うのに　親の心子知らずと思っている》

昭和天皇は、筑波藤磨宮司が、A級戦犯の合祀について、時期をみはからうなど、慎重に対処してくれたことを聞いていたわけです。筑波宮司は山階宮《やましなのみや》家から戦前に臣籍降下した元皇族なので、皇室の意向に配慮していたのでしょう。

ところが、後任の松平宮司が、どう考えたのか、易々と合祀してしまったという。この《易々《やすやす》と》という表現が、いかにも昭和天皇らしい。《それが私の心だ》もそうですが、こうした言葉は捏造できませんよ。

半藤　この松平宮司は、戦後すぐの宮内大臣をつとめた松平慶民《よしたみ》の息子なんですね。

松平慶民は平和に強い考えがあったのに、息子の宮司は《親の心子知らず》だと。（中略）思います。

秦　（中略）彼（引用者註：筑波宮司）は意識的に、A級戦犯の合祀をさしとめていたと

保阪　筑波宮司が、合祀すると決めたと主張する人もいますね。昭和四十一年に、厚生省がA級戦犯の祭神名票を送ってきて、靖国神社の崇敬者総代会に何度か諮ったところ、昭和四十五年に合祀が決まった。ただし、時期は筑波宮司預かりとした。靖国神社は、そう説明していますよね。

秦　もともとA級戦犯の祭神名票を送ったのは厚生省援護局中の旧軍人のグループです。そして靖国側でも、筑波宮司のほうから総代会へ諮ったわけではないんです。総代会のほうから、A級を合祀すべきだと要請した。とくに元大東亜大臣でA級容疑者として巣鴨プリズンに収容された青木一男氏が熱心でした。総代会は宮司の人事権を持っているので、宮司もノーとは言えず承知し、時期を見てと逃げたものの、「本人には祀る気はなかった」と息子さんの筑波常治氏は語っています。（中略）

秦　ところが、昭和五十三年三月に筑波宮司が急死して、靖国神社の方針はガラリと変わる。七月に松平永芳宮司が就任すると、あっというまに十月の秋の例大祭で、A級戦犯を合祀してしまいます。

そして、松平宮司の思想について次のように語っている。

半藤　父の松平慶民は、皇族や華族を叱りつけて〝昭和の殿様〟と言われた人だけど、息子はどんな人なんですか。

秦　福井の殿様、松平春嶽の孫です。ただ、父の慶民は学習院を出て侍従となり宮内省で勤務したのに対し、息子の永芳は、暁星中学を経て海軍機関学校に進み、海軍少佐で終戦となる。戦後は陸上自衛隊（一等陸佐で退官）ですから、皇室との距離感は違うでしょう。

長文なので以下省略する。ただ、次の文は後述と関係があるので紹介しておく。

半藤　（中略）《「中曽根も大部内外の情勢につき、適切な心配りができるようになった。成長したと思うね」と仰せられる》とある。

この鼎談の十ヶ月後の平成十九年七月号の『月刊現代』にもこの三氏の鼎談「昭和天皇の『怒り』をいかに鎮めるべきか」が掲載された。

保阪氏は冒頭で、「昭和天皇に仕えた側近たちが遺した証言が次々に発表され、『昭和史』

に新しい光を与えています。すなわち、富田朝彦元宮内庁長官、小倉庫次元侍従、卜部亮吾元侍従（いずれも故人）によるメモや日記の発見によって、肉声から浮かび上がる昭和天皇像を史実として再検証しようという動きが高まりつつあるように感じられます。昭和天皇を見つめなおすということは、昭和という時代の本質を掘り起こすことにつながる。いままでの昭和史研究は同時代史的な性格を持っていましたが、今後はこうした一級資料に基いて、さらに客観的な作業がなされると思います。つまり、私たちはいま、昭和が『記憶』から『歴史』へと変化する第一歩に立ち会っていることになりますね」と発言している。

そこで、富田メモは一級資料かどうかを俎上に上げたい。まず、討論であれば、反対意見も出てくるはずであろう。ところが三氏とも、陛下のご意向を無視して昭和殉難者を合祀したことで松平宮司を大悪人と袋叩きにしている。陛下が崩御せられてすでに二十年以上が経ち、松平宮司もすでに幽界に身をおかれている今日、陛下の御名の下に死者に鞭打つことは日本文化の見地からも馴染まないし、反論の機会もない。

私どもは、陛下の御心の内を直接承ることはない。倒えば、お相撲が大変お好きでいらっしゃると漏れ承るところではあるが、贔屓の力士の名前はおっしゃらない。また、記者会見の折にテレビの話題になり、お好きな作品を訊ねられても具体的には明らかにせず、それぞれの周辺にもお心をお配りになられている。しかし、陛下の側近から洩れてくる陛下のお言葉については真に激しく、これが陛下のお言葉だろうかと戸惑うばかりである。結局、側近の口を通すことにより、お言葉に側近の思想が加味されてしまい、陛下のご本心とは異なる場合もあるのではないかと危惧するものである。

それでは『現代』の本文を見ていこう。

秦　（中略）もっぱら首相の靖国参拝という政治的関心からでしたが、日経新聞が昨年7月に発表した富田メモによって、国民は焦点とすべきはほかにあることに気づいた。富田メモに記された、1988年4月28日に昭和天皇が吐露したとされるA級戦犯合祀への不快感、「だから私あれ以来参拝してない、それが私の心だ」（中略）

半藤　（中略）戦前において、天皇陛下がお参りする官社が靖国神社以外なかったのは、外征戦争も含めて「天皇の軍隊」の犠牲者をお祀りする神社だったからです。天皇のために命を捧げ、祭神となった臣下たちを慰霊するための神社であるのに、天皇が参拝しないという事態は、靖国神社の存立の根本にかかわる問題です。

秦　にもかかわらず、1978年にA級戦犯14人を合祀した当時の松平永芳靖国神社宮司は、「合祀を思い止《とど》まるよう」という天皇の内意が伝えられたとき、「来てもらわなくても結構だ」といったという噂が伝わっています（引用者注：これは宮内庁側かマスコミの作文だと思う。松平宮司を貶めるもの意外の何物でもない。神社内では耳にしたことはない）。（中略）

半藤　松平宮司は皇国史観の権化ような人でしたからね。

保坂　たいへん特異な歴史観を持った人で、〈大日本帝国が軍事的に戦争に敗れたのは昭和20年8月15日である。しかし、政治的に日本とアメリカその他が完全に戦闘状態をやめたのは、サンフランシスコ講和条約を発効した昭和27年4月28日だ。つまりこの間は国際法では日本は〝戦闘状態〟にあったのだ〉と認識していた。確かにこういう考え方もありうるが、こと松平宮司に関していえば東京裁判を戦時下における政治的行為の一種とみなしているらしく、A級戦犯の死は戦場での死と同じと考えていた節《ふし》がありま す。

半藤　松平宮司の論理からいえば、彼らは犠牲者であり、昭和の殉難者であるということですね。

秦　（中略）要は東京裁判を否定したい、自分の歴史観を貫き通したいがために、手段としてA級戦犯を利用して合祀へ踏み切ったと思われます。

半藤氏は「皇国史観の権化」と言っているが、皇国史観の何が悪いのだろうか。また、保阪氏は「たいへん特異な歴史観」としている。しかし、昭和二十七年四月二十八日の講和条約締結によって初めて独立が回復したのであり、それ以前はGHQの占領下であった。つまり、戦闘状態の延長上にあったのだ。松平宮司の歴史観は間違っていない。秦氏の「A級戦犯」を利用して云々のところについては、松平氏が宮司に就任した直後のことなので、ただただ使命を遂行の結果と見るべきであり、余計な詮索を要しない。以下、松平宮司の批判と「A級戦犯」合祀にいたる厚生省の旧軍人のグループを槍玉に挙げているが、そこは省略する。

この鼎談のなかにも掲載されている『新編　靖国神社問題資料集』は平成十九年三月に国立国会図書館調査及び立法考査局が編集した。A4版一一九四頁の大冊であり、「はしがき」にも記されている通り、明治維新以降の近現代にわたる、靖國神社問題に関する一次資料を多数収録したことが第一の特色として挙げられる。これには靖國神社蔵の資料、占領期の米国側の資料、国の開係機関所蔵の資料などが含まれている。

第二の特色は、国会における靖國神社関係の会議録を網羅的に検索し、その主要な議事の該当部分を相当数採録したことである。また、質問主意書、答弁書、政府見解、関係裁判の主要判決も収録している。

『文藝春秋』と『月刊現代』の鼎談の間に、先の『新編　靖国神社問題資料集』が出版され、不明とされていた戦前の合祀基準が明らかになり、戦後の厚生省の旧軍人による戦犯合祀の手続きについても明るみに出た。実にさまざまな資料が採用されているのだ。

『月刊現代』での三氏の鼎談では、「富田メモ」が出るまで、天皇陛下が靖國神社に御親拝されなくなった理由は、三木武夫首相が公人ではなく私的参拝であることを強調したことと「A級戦犯」の合祀と二つが挙げられていたが、富田メモの出現によって、「A級戦犯」合祀が要因であるとしている。そして、このメモを書いた富田元宮内庁長官の評判はすこぶるよく、陛下の側近としては申し分のない方と評価している。

『新編　靖国神社問題資料集』を精査した上での鼎談だと思いきや、富田メモの綻びにつながるものは見ないふりをして、読者には知らせない。故意か偶然か判断に苦しむ。

この資料を見て、もし陛下が靖國神社への行幸を希望されても、宮内庁が計画するはずがないと確信した。それは、昭和五十年八月十五日の三木首相は、渋谷区南平台の住人である三木武夫による私的な参拝であると称し、公用車でなくタクシーで、秘書も連れず、玉串料はポケットマネー、さらに礼装ではなく普通の服装で靖國神社を参拝したからである。この私的参拝には伏線がある。毎年五月三日（憲法記念日）には、民間有志による「自主憲法制定国民会議」の集会が明治神宮参集殿で開催されていて、この年は現職の法務大臣である稲葉修氏が出席した。そして、そのことが報道され大問題になった。

当時は今と違い、大臣が憲法改正の発言をすれば首が飛ぶ時代だった。憲法改正を視野に入れた集会に現職の法務大臣が出席すれば、ただですむはずがない。早速、衆議院法務委員会で詰問を受け、苦しまぎれに「公人としてではなく私人として出席した」と言い張った。委員会で三木首相の意見を聞いたところ、大臣を公私に分けるのは困難と発言しながら、自分は私的参拝だと発言。これには驚いた。衆、参両院の委員会で大問題となり、以後、靖國神社の祭典などに参拝する国会議員や大臣にマスコミは、公的か私的かくどいほど質問を浴びせるようになった。

昭和五十年は戦後三十年という節目の年であった。当然、靖國神社では御親拝を宮内庁に願い出ていた。そして、昭和五十年十一月二十一日、行幸啓が仰せ出された。ところが、その前日の十一月二十日、突然参議院内閣委員会で、陛下の靖國神社御親拝について宮内庁の富田次長に委員会出席の要請があった。その会議録が『新編　靖国神社問題資料集』に詳しく記載されている。

しかし、三氏の鼎談では、このことが一言も出てこない。それではその会議の様子を追ってみよう。

【五〇七】第七十六回国会参議院内閣委員会会議録第四号（昭和50年11月20日）

（発言者）野田哲（委員）
富田朝彦（政府委員。宮内庁次長）
斉藤隆（説明員。警察庁刑事局外勤課長）
秦豊（委員）
加藤武徳（委員長）
矢田部理（委員）
吉國一郎（政府委員。内閣法制局長官）
植木光教（国務大臣（総理府総務長官））

［発言順。敬称略］

（国立国会図書館調査及び立法考査局編『新編　靖国神社問題資料集』）

この委員会は終日におよんだ。以下は、要点だけを記述する。

○野田哲君（略）

天皇の行為と内閣の機能との関係について具体的に伺いますけれども、明日十一月二十一日に天皇は靖国神社に参拝される予定である、こういうふうに伺ったわけでありますす。漏れ聞いたわけでありますけれども、このことは事実でありますか、どうですか、これをまず明確にしてもらいたいと思います。

○政府委員（富田朝彦君）　いまお尋ねの明日二十一日に、天皇陛下は靖国神社並びに千鳥ヶ淵戦没者墓苑に御参拝になられます。

○野田哲君　（中略）この計画といいますか、予定といいますか、これはどこで立てられたわけですか。宮内庁ですか、総理府ですか、どこですか、この計画をつくったのは。（前掲書）

千葉展正氏の正論

会議録冒頭を記述したが、この分量はA四判で十二頁におよび、文字数は四百字詰め原稿用紙百枚分におよぶ。富田委員が発言して席に着くこと三十回におよんだらしい。この委員会の内容はジャーナリストである千葉展正《ちばてんせい》氏が『正論』（平成十八年十一月号）の「『富田メモ』はボスたちへの身びいきに満ちた官僚のメモワール」で細述している。

富田氏にとって、もし「靖国問題」というものがあるとしたら、「A級戦犯」合祀問題よりも、昭和五十年の国会質問であると思われる。

同年十一月二十日の参議院内閣委員会。社会党議員三人が、翌日に予定されていた天皇の靖国神社親拝問題をとりあげて政府側を徹底追及する。そこで答弁に立ったのが宮内庁次長の富田氏だった。

社会党議員らは「私的行為の名のもとに天皇が靖国に参拝されるということは、どんな答弁、どんな強弁に接しようともわれわれは断じて認めるわけにはいかない」と天皇の靖国参拝中止を求め、「天皇参拝はいつ誰が決めたか」「天皇は参拝の決定に関与しているのか」「天皇の行動の私的公的の区別は誰が決めるのか」「天皇の警備に私的と公的があるのか」「参拝の費用はどこが負担するのか」「参拝決定に至る庁内の稟議書を出せ」

と追及は執拗《しつよう》をきわめた。

質疑は午前中から午後にかけて延々と続き、富田次長が答弁に立たされること三十回。社会党議員は「（天皇参拝を）政治的に利用しようとする勢力は手ぐすね引いて待っている」「（靖国参拝で）シリアスな政治上の問題に火がつきかねない」と脅迫的言辞を弄して参拝中止を迫った。これに対し富田次長は「参拝は天皇の私的な行為」とひたすら政府の公式見解をくり返す。

社会党が天皇の靖国参拝をこれほど激しく追及したのは初めてだった。この年の終戦記念日に靖国神社を参拝した三木首相が「私的」参拝と答えたことを、社会党は自分たちの政治的成果と考え、今度は天皇の靖国参拝に矛先を向けたのである。

国会における社会党の攻撃は、宮内庁を震撼させた。社会党がいやがらせのために天皇参拝の前日を狙ったのは明らかだった。なによりも、靖国参拝を続ければ、予算から政府部内の手続きから天皇のご意思まで、つまり靖国行幸に関する一切合財が白日の下にさらされてしまう。この恐怖の事態に直面して、富田次長を含めた宮内庁幹部が選ぶ道はひとつしかなかったであろう。陛下の靖国参拝中止である。

おそらく、この時から靖国問題は宮内庁にとってタブーになった。そして富田氏にとっても。

そんな中で、数年後に「A級戦犯合祀」問題が起きた。これを奇貨として、宮内庁幹部は、天皇の靖国参拝中止の理由を「A級戦犯合祀」にすりかえることにした。これが私の推測である。（『正論』〈平成十八年十一月号〉千葉展正「『富田メモ』はボスたちへの身びいきに満ちた官僚のメモワール」）

千葉氏のこの見解に私も同感である。日経のスクープとして富田メモが出たとき、ある記者にこのことを尋ねられて、とっさに「厳粛に受け止めます」と答えたことがある。しかし、心のうちでは半信半疑であった。「富田メモ」が本当に陛下のお言葉だとすると、日常の陛下の洩れ承るご様子とはあまりにも乖離があるからだ。また、昭和五十年の参議院内閣委員会の様子が頭のなかにあり、富田メモには作為を感じていた。

多くのマスメディアが立派な人物と誉める富田元宮内庁長官に、実はとんでもない反面がある。先ほど引用した千葉氏の論文によると、宮内庁は官僚社会の縮図である。トップクラスになると有力政治家のコネが必要なところも他省庁と変わりない。

「富田メモ」を残した富田朝彦も、その官僚社会に生きた一人だった。千葉氏は、その観点から富田メモを分析し、富田メモの持つ性格を浮き彫りにしている。

日経新聞に記載された富田メモと日記、それから『文藝春秋』の「昭和天皇『靖国メモ』未公開部分の核心」の鼎談を読み込み、富田メモの秘密を解くキーワードは「中曽根」「後藤田」であると思ったようだ。秦氏は文春記事のなかでこのように語っている。

ひとつ言っておきたいのは、富田長官の日記のほうにも、天皇が靖国への批判をしているという部分が何箇所かある。たとえば、昭和六十年十二月三十一日にも《靖国・松平宮司への批判記述》とある。

千葉氏は、昭和六十年十二月三十一日という日付けに注目した。大晦日である。昭和天皇は大晦日に松平宮司を批判したということになる。昭和六十年とはどのような年だったのか。中曽根首相が八月十五日に靖國神社に公式参拝した年である。その年の暮れ、昭和天皇が靖國神社批判を語るとはただごとではない。

日経新聞が数回にわたって掲載した「昭和天皇の言葉　富田メモから」の第三回（七月二十三日）によると、昭和六十年十二月三十一日の日記には、次のような記述も見えるという。

中曽根内奏については、私が後藤田はなかなか立派な人のようだが、田中はどうなっているのかと質問したんだよ、と目を細めて仰せ

「中曽根」は当時の首相、「後藤田」は当時の官房長官を指す。後藤田官房長官は政治家として天皇から名誉極まりない賛辞を受けたわけだ。

半藤氏は『文春』の記事でこのようなことを述べている。

昭和六十年暮れの日記には、《「中曽根も大部内外の情勢につき、適切な心配りができるようになった。成長したと思うね」と仰せられる》とある。中曽根首相も、ヒヨッコ扱いですなあ。

ここで、昭和天皇が中曽根首相に対しても大変な評価のお言葉を洩らしていたことが明らかになる。つまり、昭和天皇が同じ日に中曽根と後藤田に賛辞を呈され、一方で靖國神社の松平宮司を批判なさっていたわけだ。三日前の十二月二十八日には第二次中曽根改造内閣が発足し、後藤田は二度目の官房長官に就任している。しかし、日記の記述の背景を知るには、この時期の政治状況をもう少し詳しく見ておく必要がある。

「戦後政治の総決算」を標榜する中曽根が、この年の八月十五日に靖國神社を公式参拝した。新華社通信は「日本の首相と閣僚の靖國神社参拝は侵略戦争の美化の危険性を持つ」と批判した。九月十八日、北京で学生による反中曽根デモが発生。九月二十日、中国外務省は「A級戦犯を祀る靖國神社への日本内閣構成員の公式参拝については、日本政府に我国の立場を伝え、同時に行事を慎重にするよう要求した」と表明した。

このころ、政府は靖國神社に対し「A級戦犯」分祀の働きかけを開始し、中曽根首相は十月十七日からはじまった秋の例大祭の参拝を中止する。十月二十八日、政府与党首脳会議で金丸幹事長が「中国側が問題にしているのはA級戦犯が祀られている点だ。東條元首相がなぜ祀られるのか」と発言。十月三十日、二階堂副総理が着任した駐日中国大使章氏に「率直に言って私も東條元首相らが合祀されていることは知らなかった。中国国民の感情はよくわかる」と発言している。

十二月四日、桜内外務大臣が来日した中国の呉学謙外相と会談。その後、記者会見で「靖國神社へのA級戦犯合祀は戦犯を認めたサンフランシスコ平和条約第十一条からみて問題がある」と語る。

中国が日本国首相の靖國神社参拝問題に火をつけ、日本政府は燃え盛る炎になすすべもなく右往左往、というのが当時の状況だった。中曽根首相は中国の恫喝に屈して、昭和六十年の秋の例大祭の参拝を中止した。

靖國問題で緊迫した情勢が続くなかで迎えた大晦日、昭和天皇が松平宮司を批判し、一方で中曽根首相をおほめになる。「大部内外の情勢につき」という表現は、靖國問題に関して言われたことを暗示している。昭和天皇が中曽根首相の靖國問題への対応を評価したなら、首相の靖國神社参拝中止に賛意を表したということになる。これは「あれ以来参拝していない」というご発言に勝るとも劣らないスキャンダラスなご発言となる。

以上、千葉氏の論文を借りて述べた。

次は中曽根公式参拝以後の神社側から見た動きを記す。これからの記事は筆者が松平宮司の下で靖國神社に奉職中に、宮司より直接拝聴したことと、『諸君』（平成十七年十月号）に発表された渡辺一雄氏の「元靖国神社宮司松平永芳氏――怒りの遺言」の記事を参考にして、述べる。

中曽根首相が公式参拝と称して、靖國神社に参拝。すると、今まで何の抗議もなかった中共から「A級戦犯」を祀る靖國神社に首相が参拝したと猛烈な抗議がきて、それ以来「A級戦犯」の合祀取り下げ（分祀）運動が起こり、後藤田官房長官を中心として展開された。後藤田長官の意向を受けて、日本遺族会は同会を基盤として参議院に出ている板垣正氏を通して、いわゆる「A級戦犯」のご遺族から、合祀取り下げ（分祀）の承諾を採った。

大方のご遺族は同意したが、東條英機大将のご遺族である東條輝男氏は即座に合祀取り下げに反対の意向を示された。

その理由は「この合祀に遺族は関わっていないので、合祀取り下げを言う立場にはない」「東京裁判を正規な裁判とは承知していない。もし、合祀取り下げを承認すれば、侵略者のレッテルを貼られ、靖國神社に眠る二百万余の英霊は皆侵略者の手先とされてしまう。それは納得できない」というものだった。これを聞いた板垣議員は東條氏の意見が正論と判断し、以後合祀取り下げ運動から手を引いた。

靖國神社にも財界の要人を通して合祀取り下げの打診があったが、もちろん拒絶した。その結果、後藤田の意向は実を結ばなかった。中曽根首相は中国の恫喝に屈し、秋の例大祭の参拝を中止。以後、首相の参拝は途絶えてしまったのである。

さて、もう一度千葉氏の論文を見ていく。

歴代首相のなかで、中曽根ほど天皇のお言葉を外部に吹聴して回った者はいない。閣僚などが内奏その他で天皇から賜ったお言葉は外部に洩らさないという不文律がある。昭和四十八年、増原防衛庁長官は内奏の折に昭和天皇のお言葉を記者会見で披露し、野党から「天皇の発言を公表し軍備力増強に利用した」と追及され、辞任に追い込まれた。しかし、中曽根にはそのような自制は無縁だった。

富田メモにおいて、中曽根、後藤田両氏以外の戦後の政治家で目につくのは、吉田元首相と福田元首相くらいである。吉田元首相に対する評価は「一貫性があり、広い視野があったね」であった。

福田元首相については、昭和四十六年の西ドイツ訪問時の思い出として「主席随員の福田は立派な人だが、独の歓迎の意味、原因を両国の経済の立ち直りと相互の協力と見ていた。多少私とは異なっていた」とおっしゃられたという。「立派な人」という前置きはつくものの、自分とは見方が異なっているというのは、ある意味で辛辣なご批評とも言える。昭和天皇が戦後の政治家で褒めているのは、吉田を別格とすれば中曽根と後藤田のみなのだ。

中曽根、後藤田、富田三氏の関係性

千葉氏は富田、後藤田、中曽根三氏の関係を次のように指摘している。

三人に共通するのは旧内務省の出身であることだ。富田、中曽根の両氏に共通するのは海軍経理学校出身であること。富田、後藤田に共通するのは警察庁出身であることだ。

昭和四十六年の連合赤軍浅間山荘事件のとき、後藤田が警察庁長官、富田は警察庁警備局長だった。その後、富田は警視庁副総監、内閣調査室長を経て、昭和四十九年十一月に宮内庁次長に就任。昭和五十三年五月、宇佐美毅の後任として第三代宮内庁長官に就任した。

一方、後藤田は昭和四十七年に警察庁長官を退官後、同年七月から田中内閣官房副長官に就任。田中首相の懐刀として辣腕を振るう。昭和四十八年十一月、官房副長官を辞任した後も、「警察庁のドン」として君臨する。富田の宮内庁入りは後藤田の采配と思われる。昭和五十七年十一月、第一次中曽根内閣の官房長官に就任、五年間の中曽根内閣で一貫して閣僚を務め、官房長官を三度歴任した。中曽根内閣の屋台骨を支えたのは後藤田官房長官だった。各省庁に睨みを利かせたので、カミソリ後藤田と呼ばれた。

富田にとって後藤田は官僚人生における上司であり、大恩人なのだ、その大恩人の上司が中曽根ということになる。

以上を念頭において、富田メモの記述を読んでみると何かが見えてくる。自分の上司が支える中曽根内閣が直面した大問題が靖國問題だった。その中曽根内閣は中共に全面屈服し、靖國神社参拝を中止した。憎きは分祀に応じようとしない松平宮司である。そのとき、上司に忠実な下僚が思いついたことは、他ならぬ、天皇のお言葉を持ち出すことによって、上司たちの行為を正当化することだった。

そう考えると、日記の靖國問題の記述が昭和六十年十二月からはじまっていることは示唆的である。後藤田が三度目の官房長官に就任したのはこのときだった。「だから私あれ以来参拝していない」という例のメモは昭和六十三年四月である。つまり、靖國関係の記述は、中曽根内閣、後藤田官房長官時代のわずか二年数ヶ月の間に集中している。

ここでおかしなことに気がつく。昭和五十三年の「A級戦犯」合祀が靖國神社御親拝中止の契機になったのなら、当時の富田日記にそれに関連する記述があってもいい。それを示唆する文言程度でもあっていいと思う。しかし、富田日記にはそのような記述は見当たらないらしい。あれば日経が記事にしたであろう。

そして、千葉氏は次のように論文を締めくくっている。

富田日記メモには、自分を天皇の信頼を受けた「寵臣」と描く記事がよく登場する。

昭和五十七年十二月二十八日

《(中略) 最後に本年は至らぬこと多くご念を煩わし恐縮しております、と申し上げ

たら、いろいろよくやって満足していますと仰せがあり、さらにそれでね長官と、また若干お話をする。（中略）》
昭和五十七年十二月三十日
《すべてを通じて陛下の私に対して（の）お言葉に専念。これでこれでと涙のこぼれる思いをかみしめて救われる一年であった。》
さらに、自らの進退に関する記述もある。（中略）
昭和六十三年六月七日
《朝、御所で。（富田長官、天皇に長官退任の考えを）申し上げ。
（天皇）「藤森（昭一・後任長官）次長も殆ど知らぬし。長官の考えも分かるが》
これは富田氏が長官を辞める一週間前のメモである。富田氏が自分の意思で辞めることを決意し、天皇がそれを残念がったと誰しも読むに違いない。天皇が富田氏の退任を惜しまれたのはその通りだと思う。しかし長官退任は富田氏の意思ではなかった。
天皇崩御という事態に備えて、次期長官として宮内庁に送り込まれたのが藤森昭一・前官房副長官だった。国家的な非常事態には富田氏では務まらないと官邸は考えたのである。簡単に言えば、富田氏は辞めさせられたのである。（首相は竹下氏に代わっていた）。「藤森次長もほとんど知らぬし」という天皇のお言葉を書き残したのは、敏腕の後進官僚に席を譲らざるを得なかった富田氏の哀しい抵抗でもあったろうか。

富田メモには、看過できない記述がある。

昭和六十三年五月二十日

《(天皇) しかし、政治の妙な動きに皇室が巻き込まれることのないようにという長官の強い考えは分かる。政治家が一つの信義に立って動き、純に考えてくれるならと思うが》

この一週間前、奥野国土庁長官が靖国問題や日中問題に関する発言が批判を浴びて辞任に追い込まれている。「政治の妙な動き」というのは、恐らく奥野長官の言動を指している。しかし、「政治の妙な動きに皇室が巻き込まれることのないように」というのは、そもそも富田氏が天皇に申し上げた言葉ではないか。それを天皇の口から言わせ、メモに書く。この記述から、なにやら富田メモのカラクリが見えてこないだろうか。

この記述が物語るのは、富田長官は自分の政治的意見を昭和天皇に進言していたということだ。奥野長官の言動を「政治の妙な動き」と称するのが政治的意見でなくてなんであろう。

「妙な」のはむしろ富田長官ではないか。考えてもみられたい。富田氏が天皇につかえたのは足かけ十五年。次長・長官として富田氏は、何百時間と天皇のお話を伺っているはずだ。お話好きでいらした昭和天皇はさまざまなことを語られたと思う。ところが、富田氏が記録に精魂傾けたらしいテーマは、自分の寵臣ぶりを示すことを除けば、「靖国問題」のみなのだ。なんとも偏頗な思想傾向を持った宮内庁長宮ではないか。

例のメモも不自然きわまりないと思う。富田氏はメモだけではなく、きちんとした日記もつけていた。「A級戦犯」に関するお話があったとすれば整理した形でいくらでも書き残せたはずだ。

富田氏はなぜあんな判読しがたいメモを残したか？　思うに、あれらのメモは判読しがたいから残したのだ。皮肉な言い方をすれば、小心な官僚である富田氏は、天皇のお言葉を詳細に書き残すだけの「勇気」は持ち合わせていなかった。宮内庁官僚としてその程度の良識はあったとも言える。「しかし」、と富田氏は考えた。「メモ程度なら許されるかもしれない。はっきり書いてあるわけじゃないし。好きなように解釈してもらえばいい…」。

一部の報道によると、富田氏は日記を「棺に入れてほしい」と言っていたという。未亡人によると、富田氏は生前、日記やメモの扱いについては何も言い残していなかったという（九月一日付産経新聞）。

富田氏が日記を後世に残したいと考えたということは十分ありうると私は思っている。死後、公表されても迷惑をかける人はいない。家族を困らせることもない。自分と自分のボスたちにとって都合の悪いことはなにひとつ書いていないのだから。

富田日記・メモは、ボスたちへの身びいきに満ちた官僚のメモワールにすぎない。自分を天皇の寵臣と印象づけたい官僚のメモワールにすぎない。〈『正論』〈平成十八年十一月号〉千葉展正「『宮田メモ』はボスたちへの身びいきに満ちた官僚のメモワール」〉

分祀問題の顛末

靖國神社のことが話題になるたびに、分祀のことが出てくる。中曽根首相の参拝後、靖國神社にも財界の大物を使って分祀の相談があった。もちろん、靖國神社は不可能であるとお断りしている。当時、財界には大変お世話になっていたので、兵糧攻めの感があった。しかし、できないことはできない。分祀問題はその後も尾を引き、今も残っている。古くは金丸信、桜内義雄、二階堂進、野中広務、加藤紘一、山崎拓、古賀誠（日本遺族会会長、元靖國神社総代）、小沢一郎、福田康男などが問題としてきた。

中曽根は今も分祀論者で、私が靖國神社宮司在任中の平成十六年三月三日、島村宣伸議員を使者として寄こし、分祀論を持ち出した。島村議員は靖國神社の考えを熟知しているし、靖國神社としてもお世話になっている。しかし、分祀についてはどうにもならない。

そこで私は、島村議員に「中曽根氏はどこの国のＶＩＰにも顔がきくお方だから、できない分祀を強要するよりも、支那に行かれて最後の政治生命をかけて説得してください」とお願いした。しかし、私の願いは徒労に終わったようだ。ある日曜日、早朝に放送されるＴＢ

Sの時事放談で中曽根氏は読売新聞の渡邊恒雄氏と対談していたらしい。渡邊氏が「靖國神社の宮司を首にしろ」と言っていたと、私の次男がそれを見ていて教えてくれた。

だが、言われるまでもなく、そのときの私は定年間近で退任を予定していたので、その心配はご無用であった。

第七章　歴代総理大臣の靖國神社参拝

歴代総理大臣の参拝

終戦直後、総理大臣の東久邇宮稔彦王が靖國神社を参拝された。その後、幣原喜重郎総理も参拝している。次の吉田茂総理は、講和条約調印後の昭和二十六年十月に、閣僚や衆参両院議長とともに参拝している。以後、岸信介、池田隼人、佐藤栄作、田中角栄、三木武夫、福田赳夫、大平正芳、鈴木善幸、中曽根康弘と歴代総理が靖國神社に参拝している。中曽根総理のあとは少し途絶え、次に参拝したのは橋本龍太郎総理だった。そして、小泉純一郎総理、安倍晋三総理も参拝した。参拝した総理大臣の多くは、在任中に何度も参拝している。参拝が一度だけというのは、終戦直後で在任期間が短かった東久邇宮、幣原両総理と橋本総理だけである。現在時点では安倍総理も一度だけなので、ぜひとも任期中に何度も参拝してもらいたい。

三木総理を除いたすべての総理は公式参拝だと思っている。三木総理だけは「私的参拝」だと発表し、このことが物議を醸したのである。

三木武夫総理の私的参拝

講和条約発効前の昭和二十六年の吉田総理の参拝以後、歴代の総理は靖國神社の春秋の大祭前後に参拝していた。

終戦三十年にあたる昭和五十年、三木総理は八月十五日に靖國神社を参拝した。ところが、その参拝は「私的参拝」と称して行われたのである。そのため、公用車ではなくハイヤーを使用し、秘書も連れず、玉串料はポケットマネーという念の入れようだった。三木総理が「私的参拝」と称したのには理由がある。その年の五月三日の憲法記念日、明治神宮の参集殿で「自主憲法制定国民会議」が開催された。その会に稲葉稔法務大臣が出席したことが問題になり、大騒ぎとなった。当時は「憲法改正」などと発言しただけで、大臣を辞職しなければならないような時代だったのだ。ところが、稲葉法務大臣は「その会への参加は個人的なもので、いわば私的な行為だ」と言い繕ったのである。

これがさらに問題となった。野党から質問された三木総理は「法務大臣を私的、公的と区分するのは困難だ」と回答した。ところが、その舌の根も乾かないうちに、ご自分が靖國神社を参拝する件に関しては「私的参拝だ」と発表したのである。この思考には驚かされる。以来、この「私的か、公的か」で靖國神社は迷惑を蒙ることになる。

吉田総理以来、靖國神社の参拝は「正式参拝」であり、そこに私的も公的もない。三木総理以来、閣僚や議員の参拝に対し「私的か公式か」という質問が繰り返されている。いつだったか、当時は都知事であった石原慎太郎氏が八月十五日に参拝に訪れたとき、愚問した記者に「いつまでもそんなことを言ってんじゃないよ」と一喝していた。まさにその通りである。

大平正芳総理の対応

昭和五十四年春、マスメディアは昭和殉難者の合祀を大々的に報じた。そのときの総理は大平正芳氏だった。記者は総理が敬虔なキリスト教徒なのに、なぜ靖國神社に参拝するのかと質問した。大平総理は、自分はキリスト教の信者だがその前に日本人であると答えて参拝したのである。戦犯の合祀については、「のちの歴史が判断するだろう」と毅然と述べた。

中曽根康弘総理の公式参拝

中曽根総理は総理就任以来、何度も靖國神社参拝を果たしていた。しかし、総理の参拝が私的参拝では、国のために殉じた英霊に申し訳ないと、靖國神社の崇敬団体である日本遺族会、英霊にこたえる会、偕行会、水交会、各戦友会、神社界、友好宗教団体などが、公式参拝の実現に向けて運動を展開した。

中曽根総理も公式参拝に意欲を燃やし、藤波官房長官の下に「閣僚の靖国神社参拝問題に関する懇談会」を設置した（昭和五十九年八月三日を第一回とし、昭和六十年八月九日第二十一回了）。藤波官房長官の下に在野の有識者を集め、いかにしたら公人の靖國神社参拝が憲法に抵触しないかを検討したのである。そして、終戦四十年という節目の年である昭和六十年八月十五日、中曽根総理は公式参拝に踏み切ったのである。

ところが、この参拝は遺族には歓迎されたのだが、神社当局および神社関係者には大変不評であった。特に、当時の靖國神社宮司である松平永芳氏は烈火のごとき怒りをあらわにしたのである。「弓削の道鏡にも等しい」と発言を憚らなかった。憲法に反しないためにという理由で、中曽根総理の参拝は神社の祭祀儀礼を大きく逸脱するものだったからである。手水をしない、修祓を受けない、二拝二拍手一拝はしないで一礼のみ、本殿に参入せず玉串も捧げないという参拝方法だった。

松平宮司は、特に修祓を受けないということに憤慨したのである。他のことはさておいても、修祓を受けずに参拝するということは、靖國神社一社だけの問題ではなく、日本の神社全般の問題だと強く抗議した。しかし、総理側は受け入れなかったので、最終的には黙認するような形となった。そこで、靖國神社側は一計を案じた。中曽根総理が署名をする場所に遮蔽の幕を下ろし、幕の裏から修祓を行ったのである。

これまで、総理大臣が八月十五日に参拝する場合、武道館での式典終了後ただちに靖國神社に参拝に来られていた。それは、武道館の式典に参加した遺族が靖國神社に向かう前に、総理が参拝するという配慮をしていたからである。この配慮により、境内で混乱が生じることはなかった。

ところが、中曽根総理は武道館で昼食をとり、武道館の遺族が靖國神社に移動完了するのを待っていたかのように、遺族が待つ靖國神社にやって来た。しかも、皇族や顕官の参拝順路（到着殿、南回廊、南渡廊、本殿の順路。帰路も同じ順路）を通らず、天皇陛下、皇后陛下、勅使がお通りになる拝殿正面から参入してきたのである。この点も松平宮司の納得するところではなかった。よって、松平宮司は総理の参拝にもかかわらず自室に篭り、送迎も応対もしなかった。これが中曽根総理の「公式参拝」の内実である。

しかし、マスコミはこの「公式参拝」に拒否反応を示し、中共と韓国の二国に通報した。そして、この二国が靖國神社公式参拝を批判、反対していると声高に報じた。このことにより、靖國神社問題が政治、外交のカード化し、靖國神社の静寂を一気に破ってしまったのである。

藤波官房長官の後任の後藤田官房長官は、靖國神社参拝を継続するには「A級戦犯の分祀しか道はない」と分祀運動を起こす。そして、板垣正参議院議員を介し、日本遺族会と昭和殉難者の遺族に分祀案を説き、大方の遺族が分祀に同意した。そして最後に東條英機の遺族の東條輝雄氏に相談したところ、東條氏は強く反対した。

当時の東條氏は三菱自動車の社長で、YS－11の設計者としても有名だった。東條氏は、「合祀は神社サイドで決めたことで　遺族があれこれ言うべき問題ではない。東京裁判で処刑されたが、東京裁判は復讐劇であり正規な裁判とは思っていない。分祀を認めれば、二百万余の英霊を侵略者の手先としてしまう」という意見だった。これを聞いた板垣議員もこれこそが正論だと感じ入り、それ以来分祀運動より手を引いた。

翌年、中曽根総理は参拝しなかった。これによって、総理の靖國神社参拝が途絶えてしまうことになる。靖國神社を外交カードにしてしまった犯人は中曽根である。

橋本龍太郎総理の参拝

平成八年七月二十九日、橋本総理は私服で参拝した。橋本総理の靖國神社参拝を知っていたメディアはNHKだけであり、他には漏れていなかった。このとき、大野俊康宮司は体調を崩して入院中だったので、権宮司の私が応接した。そのとき、橋本総理は「今日は自分の誕生日で、年上の従兄弟が祀られているのでお参りに来ました。秋の従兄弟の命日にもまた参ります」と言って帰った。しかし、これまた中共と韓国の二国による干渉があり、橋本総理はあっさりと参拝を断念してしまったのである。日本遺族会の会長まで務められた方の行動にしては、いささか軽いのではないだろうか。

小泉純一郎総理の参拝

今からふりかえってみると、あれだけの反対意見が強いなか、よくぞ毎年参拝を継続したと思う。小泉総理は平成十三年から十八年まで毎年参拝した。私は平成十六年九月まで宮司だった。なので、私が宮司だったときに四回参拝しており、四回とも昇殿参拝している。一回目の参拝は八月十五日を予定していたが十三日に変更してしまった。それ以来、首相の側近は事前に発表するとつぶされることを悟り、二回目からは参拝直前まで発表しなかった。靖國神社も総理を迎える準備には時間を要するし、警備の担当者も苦心を強いられたことだろう。当時は、総理の靖國神社参拝に関する報道は凄まじかった。私の後任の南部宮司は、以前は広告関係の仕事していたようで、「この過熱した報道を広告宣伝費に換算すると、一日一億円はくだらないだろう」と言っていた。

さて、平成十三年の自民党総裁選で、誰が何と言おうと八月十五日に必ず靖國神社に参拝するという公約を掲げた小泉氏が当選した。そして総理就任後も、党内外、または中共や韓国からの圧力にも屈せず、その公約を堅持すると言い張っていた。

八月に入ると、十五日の参拝に反対する声が、だんだん厳しくなってきた。反対の急先鋒は、加藤紘一、山崎拓という自民党三役の議員、さらに官邸のお膝元の福田康夫官房長官、公明党幹部などである。事務方にも参拝に反対する事務官がいて、四面楚歌の状況だった。

あとで漏れてきた話によると、平成十三年の八月は、十一日が土曜日、十二日が日曜、そして十三日からはお盆ということで、総理官邸も靖國神社参拝の準備が完了し、記者会見での談話の作成も終わったので、秘書団は帰省や避暑などそれぞれ休みをとっていたようである。ところが、この土、日の間に状況が一変したらしいのだ。福田康夫をはじめ、靖國神社参拝反対の連中は、何が何でも十五日の参拝を避けさせようと、必死に工作を行った。その結果、ついに十三日に前倒しして参拝することに成功、さらに談話も書き換えることに成功したのである。何も知らない秘書団には、日曜日の夕刻、某ホテルへ集合という指令が飛んだ。飯島勲秘書官以下秘書の面々は、計画がひっくり返されたことに愕然とした。総理談話も変えられていた。しかし、すでに総理の決済を得ているという理由で、秘書の面々には談話の内容は見せられなかったのである。談話が村山謝罪決議に似ているのもそのためであったという。ただし、これは伝聞なので、どこまで正確な情報なのかは不明である。

その頃、靖國神社では、韓国の遺族と称する集団が平和遺族会の西川重則らと来社した。TBS、テレビ朝日のカメラマンも同道していた。そして、分祀を迫る。彼らと靖國神社応援団のにらみ合い続くなか、各大臣が参拝に訪れた。

十三日の総理の参拝はまだ発表されていなかったが、社頭には参拝者が絶えない。午後になり、本日総理が参拝するという報が入ってきた。これは靖國神社も予想していたことなのですでに準備は整っており、あとは来社を待つばかりだった。警備の警察署も機動隊の応援を得て、準備完了の様子だった。そして、マスコミの出入りが激しくなってくる。

顕官の参拝は到着殿を起点とするのだが、小泉総理は参集所から入ってきた。小泉氏が厚生大臣だったとき、八月十五日の武道館の式典の前に参拝したことがある。そのときに参集所から出入りしたので、その前例にならって参集所からの出入りを希望したようである。参集所にて署名を終えると、手水舎で手水をとり、拝殿では修祓をうけた。そして本殿に参入すると深々と一礼した。おそらくこの一礼で黙祷したと思われる。本殿内には献花が二基置いてある。その後、南渡廊、同回廊を経て、到着殿広間に行き、そこで記者会見を行った。前倒しについては「口は一つだが、幸い耳は二つ持っている。虚心坦懐に熟慮に熟慮を重ねて判断した」と述べていた。この前倒しには賛否両論あるが、公約が実現できなかったことを大きな禍根として残した。

平成十四年の参拝は四月二十一日だった。春季例大祭清祓の日である。この日は日曜日で、昨年の参拝は周辺関係者の反対により、参拝はしたものの苦い経験をしている。そこで、今回の参拝は当日に発表された。新潟と和歌山では参議院議員の補欠選挙が行われているので、前日は新潟で応援演説をし、当日は和歌山に応援に行く予定だった。その間隙を縫って、靖國神社を訪れたのである。これにはマスコミも虚を突かれたようで、動きが鈍かった。

小雨のなか、小泉総理は八時二十分に靖國神社に到着。すると、小泉総理と秘書団が手分けしては各所に携帯電話で連絡しだした。飯島勲氏から総理に、官房長官、党の三役、公明党の代表に直接電話をしてくれという要請があったようで、小泉総理は電話で「これから靖國神社に行きます」と言っていた。しかし、実際にはすでに靖國神社にいる。虚虚実実の駆け引きを展開したのである。

突然の発表で、さらに日曜日ということもあり、記者の集まりは悪かった。そのため、記者会見が一時間ほど遅れることになった。その間、宮司である私が小泉総理の対応をすることになった。新聞によると、日々の総理の動静は分刻みだが、今日は充分な時間をとっているという感だった。小泉総理からも神社の近況について質問されたので、最近は参拝者が増加していること、青少年が多く来るようになったことなどを話した。そして、御創立百三十年の記念事業である遊就館改修工事についても話し、近現代史の正しい展示によって青少年の学習を助けたいと説明し、小泉総理の共感を得ることができた。

大東亜戦争開戦当時、シドニー湾に突入した松尾敬宇中尉が真珠湾突入の特殊潜航艇岩佐艇の出陣以後の様子を記録し、岩佐中尉の出陣の挨拶の記録とともに同僚に預けた。以後、今日までその同僚の奥様が大切に保管していた。しかし、奥様が亡くなったので、娘がそれを父の戦友に相談したところ、松尾家に返すことになった。受け取った松尾家は、これを崇敬神社の菊池神社に奉納するつもりでいたらしい。ちょうどそのとき、大野俊康前宮司（靖國神社第七代宮司）が偶然にも松尾家に電話したら、その話が出て来た。そこで大野前宮司は、靖國神社の遊就館に松尾敬宇中尉のコーナーがあるからと、靖國神社への奉納を勧めたのである。その記録が神社に到着して間もないころだったこともあり、小泉総理に見せて説明した。小泉総理は熱心に聞いていたと思う。

後日、小泉総理はオーストラリアを訪問し、松尾中尉の海軍葬に感謝する様子が報じられた。総理の訪豪が大成功であったと駐在武官から礼状が来た。神社で説明したことが無駄でなかったことを知った。

平成十五年、小泉総理は一月十四日に参拝した。「まだ正月か」との質問に、「昔から小正月」と説明していた。小泉総理は午後に参拝。記者会見は首相官邸に帰ってから行うということであった。

平成十六年は元旦に参拝している。宮中での行事を終えたその足で来社。服装は例年のモーニングとは異なり、和服で紋服羽織袴での参拝であった。午前十一時三十分に参拝され、多くの参拝者から喝采を受けた。この年の九月、私は宮司を定年により退任した。

平成十七年は十月十七日秋の大祭清祓の日だった。この日は私服で、社頭で賽銭を投げての参拝だった。総理大臣の参拝としては、これはいかがなものかと思う。ちなみに、昭和殉難者が合祀されたのは昭和五十四年の十月十七日である。

平成十八年、任期満了を目前に控えた八月十五日、総理大臣として礼服、モーニングを召して、公式参拝した。中曽根総理以来、実に二十一年ぶりの八月十五日の参拝であった。

分祀は不可能である

平成十八年九月、小泉総理の任期満了が近づくと、靖國神社参拝の是非、いわゆる「A級戦犯」の分祀（合祀取り下げ）などが政局のなかで大きな問題となってきた。中曽根元総理は在任中に分祀を働きかけたが神社より拒絶されている。にもかかわらず、再度靖國神社に分祀の働きかけをしてきた。少しさかのぼるが平成十六年三月、元中曽根派の幹部である島村宣伸衆議院議員が来社され、中曽根氏の持論を展開したことがあった。私は島村議員の話を聞いてみた。しかし、中曽根氏はやはり分祀をお考えのようだ。そこで、分祀は不可能であることを伝えた。いわゆる「Ａ級戦犯」の分祀（合祀取り下げ）は不可能なのである。分祀を蝋燭《ろうそく》の炎に例えると、一つの蝋燭の火から、ある一部分の火だけを取り出すということである。これはできない。仮に火を別の蝋燭に移しても、元の蝋燭が消えるわけではない。よって、分祀をして一部の霊を除去することは不可能なのである。

そして、中曽根氏は世界のトップの政治家と対等に話ができるのだから、不可能な分祀を持ち出すのではなく、一度合祀した霊の分祀は不可能であることを支那や韓国に伝えて理解を得ることに政治生命をかけ、国家のために奮闘してほしいと中曽根氏に伝えてもらいたいとお願いした。島村議員がそれを中曽根氏に伝えたかどうかはわからない。

後日、ＴＢＳの時事放談で、中曽根氏と渡邊恒雄氏が「靖國神社宮司を辞めさせろ」と言っていたということを、私の次男から聞いた。そのとき、私は役員定年で間もなく退任の予定なので、心配いらないよ、もうすぐ辞めるからと言ってやりたかった。もし、中曽根氏に国を憂う心があるなら、私の提案をぜひ実行してもらいたい。

このころ、麻生氏が靖國神社は宗教法人から別法人になればいいと言っていた。一見、これが理想的な案のように思える。ただし、宗教法人から離脱して別法人になるまで、空白期間が生じることになってしまう。その間に政府の手によっていわゆる「A級戦犯」が除外されてしまうという危険性を孕んでいることを忘れてはならない。

第八章　従軍看護婦と「従軍慰安婦」

「従軍慰安婦」は存在しない

「従軍慰安婦」とは、慰安婦の募集に「官憲などの加担」「甘言、弾圧」などがあったとした、平成五年の河野洋平官房長官の談話（河野談話）を根拠にしている。しかしこの談話は、対日批判を繰り広げる韓国に考慮し、明確な裏づけや証拠がないにもかかわらず書いたものだ。このことは、談話作成にかかわった石原信雄官房副長官（当時）が明らかにしている。

もともと、「従軍慰安婦」は存在しない。慰安婦は他国にも存在した。慰安婦という職業が法律で禁止されたのは戦後のことで、昭和三十年代初めだった。私の青春期には公娼の店が存在していた。娼婦になった女性は気の毒には思うが、春を売る職業が公然と存在し、貧困な一家を助けるために女衒《ぜげん》に売られた女子もいたのである。これは軍の強制ではなく、介在した商人に強制されたのであろう。

慰安婦は存在したが「従軍慰安婦」は存在しない。冠に「従軍」とつく職業は従軍記者と従軍看護婦だけであった。従軍記者は軍隊に従い、戦場の状況などを銃後の国民に報道することを職務としていた。従軍看護婦は、軍隊に同行し、戦闘で負傷した兵士を看護する使命を帯びた崇高な職業である。従軍看護婦は、大東亜戦争では軍隊の行くところには必ず同行していたので、激戦地で戦死された方もおられる。それらの方々は靖國神社の御祭神として合祀されている。

従軍看護婦に満腔の感謝を込めて

財団法人偕行社発行の軍歌集『雄叫』には、「婦人従軍歌」の歌詞が掲載されている。その註によれば「明治二十七年夏、赤十字社の看護婦隊が新橋駅から凛々しく出発した健気さに感激して作られたもの。昭憲皇太后の御思召で野戦病院の看護婦たちにおしえられ、広く世に伝わった」。

一、火筒《ほづつ》の響き遠ざかる
　跡には虫の声立てず
　吹き立つ風はなまぐさく
　くれない染めし草の色

二、わきて凄きは敵見方
　帽子飛び去り袖ちぎれ
　斃れし人の顔色は
　野辺の草葉にさも似たり

三、やがて十字の旗を立て
　天幕を指して荷い行く

天幕に待つは日の本の
仁と愛とに富む婦人

四、真白に細き手を伸べて
流るる血潮洗い去り
まくや繃帯《ほうたい》白妙の
衣の袖はあけにそみ

五、味方の兵の上のみか
言も通わぬあだまでも
いとねんごろに看護する
心の色は赤十字

六、あな勇ましや文明の
母という名を負い持ちて
いとねんごろに看護する
心の色は赤十字

日清戦争時にはすでに、従軍看護婦の活躍が知られていたのであろう。

靖國神社遊就館の展示室を巡ると、陸海軍の将兵とならんで、赤十字看護婦や陸軍看護婦の健気な従軍の様子が遺書や遺詠を通じて拝することができる。

今頃なぜ従軍看護婦の話かと訝る向きもあると思うが、「従軍何々」と誤った使われ方をしているのに我慢ならないからである。

「従軍慰安婦」などというものは存在しなかった。もちろん慰安婦や公娼の存在を否定するのではない。戦後も昭和三十年代の前半までは日本にも公娼制度が存在し、終戦後に占領軍が進駐するや、日本の婦女子を性犯罪から防護するために、進駐軍専用の慰安所施設がつくられたこともあった。都心には進駐軍相手の娼婦が溢れていた。モンペ姿の女性たちが原色に近い服装に厚化粧という変身ぶりに驚かされたこともある。また、高級将校相手の「オンリー」なる言葉も日常的になった。妾として、占領軍の将校に尽くすということだったのだろう。その軍人らは退役すると母国に帰り、彼女らは夫からの連絡を待つことになる。しかし、やがて音信不通となり、母子家庭となり辛酸をなめた家庭も多かった。また、混血の浮浪児が多く生まれ、社会問題化した。性の問題は、この世に男女が存在する限り、戦争の有無にかかわらず存在する。

韓国人の「従軍慰安婦」が問題になっているが、慰安婦の数では韓国人よりも日本人の方が圧倒的に多かった。しかし、日本人女性からの補償要求はない。それは、その行為の時点で、充分に代償を得ていたからであろう。

韓国では、在韓日本大使館の道路を隔てた向う側から大使館に向け「韓国女性の従軍慰安婦像」を建てている。民主党政権になってからは、尖閣諸島沖の中国漁船の衝突事件の船長釈放、北方四島へのロシア大統領の入国、竹島に対する対応など、弱腰外交に拍車がかかったように感じる。韓国の従軍慰安婦像に対しても、日本政府は毅然たる態度をとらず、あやふやな対応をしている。

しかし、民主党だけを責めるわけにはいかない。「従軍慰安婦」問題は、自民党にも責任があるのだ。平成五年八月四日、宮沢内閣は「いわゆる従軍慰安婦問題について」の調査結果を公表した。これは法務省、外務省、防衛庁、国立公文書館、国会図書館、米国戦争情報局などにあった関係資料を「いわゆる従軍慰安婦問題の調査結果について」と題して、B4判三十頁にまとめたものと、総括的説明文、官房長官談話（河野談話）で構成されている。

この悪名高き河野談話では、慰安婦の募集について「軍の要請を受けた業者が主としてこれに当たったが、その場合も甘言、強圧による等本人達の意思に反して集められた事例が数多くあり、さらに官憲等が直接加担したことも明らかになった」と説明している。つまり、慰安婦募集に強制連行の事例が数多くあったというのだ。また、朝鮮出身の慰安婦についてはその表現をさらに強め、「その募集、移送、管理等も甘言、強圧による等総じて本人達の意思に反して行われた」と、特に「総じて」という言葉を付け加え、韓国政府が強く主張した「全員強制連行」を実質的に認めたものにしようとする表現になっている。この認識は間違っている。速やかに、そして公式に撤回しなければならない。

河野談話による「従軍慰安婦」の誤った認識は国内のみならず海外にまで大きな影響を与え、誤解される結果となっている。もはや放置しておくことの許されないほどの大きな悪影響が出ている。

元朝鮮総督府事務官の大師堂経慰氏は『慰安婦強制連行はなかった』（展転社刊）で述べているのは、要約すると、およそ次のようなことである。

「当時の戦地の慰安婦については軍の強制連行などの事実はなく、反日日本人の吉田清治なる人物が、韓国済州島にて『慰安婦狩り』があったとの著作を発表したが、日本の史家が現地に赴き調査した結果、その事実は全く存在しないことが判明した。河野談話は、韓国の元慰安婦と称する老婆たちの証言で構成され、韓国大統領の強い意向が反映されている由、日本国の名誉のため、この際河野談話の破棄を強く要望する」。

警鐘を乱打したこの著書の発行が平成十一年二月十一日。その日から数えて十六年、ありもしない慰安婦問題を論じた河野談話はいまだに一人歩きし、日本の戦史を汚し、国家の誇りと国民の自尊心を傷つけ、さらに国のために尊い命を捧げた靖國神社の英霊の御心にも限りない屈辱を与えているのである。このような河野談話は速やかに撤回し、宮沢談話、村山談話の破棄を政府に対して強く求めるものである。

従軍看護婦・中野トミ子

従軍看護婦として激戦下の戦場で多くの将兵の看護にあたり、戦後は靖國會の会員として忠霊の慰霊と顕彰に身を挺しておられた中野トミ子さん（故人、旧姓延岡）を紹介しておきたい。彼女は台湾生まれの日本赤十字社従軍看護婦だった。昭和十五年に日赤に入社し、同十八年に赤紙召集（日赤看護婦に限り、女性でも赤紙召集があった由）。戦後は台湾には帰還できず、日本に帰ってきた。平成二十五年二月二十一日に逝去している。

彼女の和歌「遥かなるルソンの山河」の一部を転載しておく。

作者　日赤救護班　中野　トミ子

三百機波状攻撃連日に　編隊組みて襲われし日々
基地を発ち二度と還らじ南海に　果てし若人今日終戦日
終戦の詔勅なくば今の我　此の世にあらじ比島を想ふ
ぬかるみに足を取られて難儀せる　一夜かけても二キロしか進めず
数知れず戦友との多く別れあり　看護の我に面影消えず
飽食のテレビの画面は酷なりや　水無く逝きし戦友の夢見る

終戦は海抜二千の高地にて　水求むるに至難の業なり
捕給絶え現地自活の指示ありて　電灯のなき十一ケ月の生活
さくさくと米とぐ音もなつかしく　旋律に聞こゆ戦場の飢餓
十字星水なく食なく弾の下　医療の捕給も絶えて久しく
一本のマッチをすりて灯を配る　マッチも貴重な備品にあれば
味噌汁を一口飲みて死にたしと　先輩の声耳を離れず
生き地獄二丁目三丁目四丁目を　乗り越へ今を生きている我
敗戦に打ちのめされて今を生く　失ふまじき大和撫子
軍隊の法則知るや小沢さん　一兵卒に何の意味あり
靖国の参拝拒む政治は　あの戦場の惨状知るや
今日よりは我が子にあらじと召され征く　我に告げたる母の心は
母さんと呼びて夜空を眺むれば　南十字が微笑みて居り
五分粥が並食《なみ》になれりと知らせ来る　患者の顔は喜びに満つ
二師団の赤痢患者は三百名　収容せし日々の必死の介護
水求め倒れし兵の痛ましく　さがして来るねと励ますばかり
連日の夜間行軍けもの道　一歩違えば谷底に落つ
ルソンにて兵も患者も口ずさむ　「湖畔の宿」我が青春歌

（軍歌一色の頃ですが此の歌だけは誰も咎める方はありませんでした）

これらの和歌から、大和撫子の心意気をお汲み取りいただきたい。

第九章　わが俳句人生

わが人生を顧みて「俳句」とは

昭和三十二年四月、明治神宮に奉職したばかりのころ、結成間もない職員の俳句会があり、勧められて句会仲間に加わった。月一回の句会では、当時俳誌『若葉』の編集長をされていた長谷川浪々子先生の指導を仰いだ。以来五十七年間、俳句を継続して今日にいたり、神職として奉務中は神勤第一、俳句は二の次と心に決めていた。

私の俳号は「碧水」である。郷里栃木県の元縣社加蘇山神社宮司の父が「碧柳」と称し俳句をやっていたので「碧」の一字をもらった。そして、畏れ多いことながら、明治神宮の御祭神の御製「器にはしたがひながらいはがねもとほすは水のちからなりけり」から、意志の堅固さ、継続は力なりの歌意をいただき、さらに山紫水明の故郷にも想いをいたし、「水」の字を用いたのである。

浪々子先生の指導をいただいた関係で『若葉』の誌友となり、主宰の富安風生先生にも誌上を通じて指導いただくことになった。風生先生は逓信次官と位人臣を極めたが、潔く官界を辞し、『若葉』主宰になられ俳句に専念された方である。

昭和六十三年二月、『若葉』通巻七百号を記念して、推薦をうけて同人の列に加えられた。この頃、神社界でも俳句を通じての交流が深まり、靖國神社の田安句会、伊勢の神宮の鉾杉句会、明治神宮のとがわ句会は、しばしば三社で合同句会を開催していた。神宮の鉾杉句会は俳諧の始祖の一人といわれる守武神主の「元旦や神代のことも思はるる」があまりにも有名である。靖國神社は毎年七月のみたままつりに四季の俳句を公募し、入選句を雪洞に掲出してみたままつりに興をそえていた。

平成二年、明治神宮より靖國神社に転じた。そして禰宜、権宮司を経て、平成九年より第八代宮司の重責を担った。平成十六年九月十日、満七十五歳になり、靖國神社宮司定年規定により退任することになった。平成十六年六月二十九日が御創立百三十年祭当日だったので、最後まで記念事業の完成に力を注ぎ、奉公することができた。

戦後、国家の手を離れた靖國神社を支援しようと崇敬者団体「靖國講」が地元の麹町、神田をはじめとして、全国各地に結成された。なんと、地球の裏側のブラジルでも結成されている。サンパウロの靖國講より、本年開講五十周年を迎えるので、靖國神社宮司来伯の要請があった。昭和四十四年に筑波宮司が訪伯して以来、三十五年間も御無沙汰の由。私の後任の南部宮司は渡伯の時間的余裕がなかったので、退任間もない前宮司の私が宮司の名代として、靖國講担当の職員を帯同して渡伯することになった。

渡伯のことがあり、雑用も山積していたが、今まで控えていた俳句の会にも積極的に参加するようになり、若葉の例会、同人吟行会、浦和若葉、埼玉若葉にも参加した。句友も増えていき、鎌倉若葉や如月会、如月吟行会にも誘われて参加した。

『若葉』に掲載される

月刊『若葉』の同人欄は、毎月の作品を現主宰の鈴木貞雄先生の選を経て発表され、若葉集（同人作品）は巻頭、次席のほかは五十音順として発表される。

平成十七年『若葉』二月号　若葉集（同人作品）巻頭

　ブラジル訪問

慰霊祭日系移民堂に満つ

大時計春曙の時刻む

（小野田寛郎牧場）

母国語の歌の弾める春灯

式部の実職を離れし身に親し

初めての巻頭に夢ではないかとわが目を疑った。渡伯をふりかえってみると、南部宮司の名代として渡伯し、日系人から大歓待を受け、祭りの会場は日系人で満ち溢れ、祭典が終わるや日本の村祭り同様、民謡舞踊が飛び出し、ときの過ぎるのを忘れた。

翌日は飛行機で約一時間、さらに車で小一時間のカンポグランデの小野田寛郎牧場を訪ねた。小野田さんは過日亡くなられたが、昭和四十九年までフィリピン・ルパング島を死守し、帰還されるや、フィリピン在住当時の軍服や帰国時に寄せられた見舞金などすべてを戦友の眠る靖國神社に奉納し、町枝夫人と共にブラジルに渡り、密林を開拓して見事な牧場を造成した。その大きさは成田空港の何倍にもなるという。近隣の日系人を招いて歓迎会を開催してくれ、キャンプファイヤーが燃え盛り、太陽が静かに地平線の彼方に沈みゆき、母国語の歌にときを忘れた。

平成二十一年四月は若葉集の次席に輝いた。

杣村の隣は遠し冬の月
夜廻りの柝《き》に山々の木霊《こだま》して
瀧飛沫崖の氷柱を育めり
埋火の燠《おき》より暁の火を継げり

四句目の火を継ぐということは古くからの神社に伝えられた神事で神秘的な句と評された。

平成二十二年十月では若葉集次席。

時鳥鉄鎖を攀ぢて奥の院
日焼けして灯台守の子なりけり
大鎌の切れ味梅雨に草を刈る
真清水の甕に沈めて心太

平成二十三年一月は若葉集巻頭だった。

アムールの流れ揺蕩《たゆと》ふ空は秋
夏惜しむ白夜の天に陽を残し
夜は寒し港の船の出る合図
抑留てふ言の葉悲し草に露

靖國會の同志より極寒のシベリアにて望郷の夢を抱きつつ戦歿された抑留者の慰霊を託され國學院大學にて神職の研修中である神屋宗太郎君を帯同し、偕行会の役員と共にハバロフスクに出向し、慰霊祭を斎行すれば御霊ここにありと実感した。
平成二十四年二月は若葉集巻頭。

水引の影を映して水澄めり
霧詠みし師の句碑に霧慕ひ寄る
路傍の石神とし崇め草紅葉
路地裏に世事に離れて一葉忌

二句め霧詠みし師の句碑……とは秩父の三峯神社の境内に風生先生の「嶺々を伏せ霧中空を飛べりけり」の句碑が立ち、参拝のたびに句碑にも敬意を表したものだった。この日も霧の多い日でなにげなく作った句が、主宰の目にとまった。

平成二十六年三月は若葉集巻頭。

祭主様皇女に坐《ま》しぬ御遷宮
拆鈴《さくすず》の五十鈴《いすず》川美《うる》はし御遷宮
鶏鳴《けいめい》に道樂《みちがく》和して御遷宮
御遷宮浄闇《じょうあん》に神蘇《よみがえ》る

平成二十五年十月伊勢の神宮の千載一遇の御遷宮を奉祝して作句し若葉に投じたところ平成二十六年三月号の巻頭句として採用いただき誠に有難き極みであった。

祭主様皇女に坐しぬ御遷宮

昔、天皇の御即位ごとに天皇の名代として未婚の内親王または女王から選ばれた「斎宮」という存在があった。現在はそれに代わる神宮祭主というお役目があり、近年は明治天皇の皇女である北白川房子様がお勤めになっており、鷹司和子様もお勤めになられた。現在は天皇陛下の姉君である池田厚子様が御奉仕中だが、ご高齢の故をもって、式年遷宮にあたっては陛下の皇女である黒田清子様が臨時祭主として御奉仕になられた。伊勢の神宮は皇室の御祖神であり国民の総氏神なのだ。

二十年に一度新しきお社をお造り申し上げ、建物のみならず、調度、御神宝にいたるまですべて新調し、御正宮だけではなく、別宮、摂末社、所管社などことごとくが改まる。御遷宮の宮域の火がすべて掻き消され、浄闇のなかに神の蘇りがあり、御神威はいよいよ赫赫と輝き渡る。

御遷宮浄闇に神蘇る

作者の碧水は、俳句を神意を奉じてかんながらの俳句と呼びたい。俳句は邪道だと言う人もいるが、作者の句を通じて神道の理解者が一人でも増えれば幸甚である。

若葉賞（結社賞）を受賞して

本年（平成二十七年）度の結社賞である第六十二回若葉賞の受賞の発表が『若葉』誌の五月号に載った。

若葉賞とは若葉同人にとっては最高の栄誉であり、誠に光栄なことなのである。その若葉賞の受賞者に私が推された。

鈴木貞雄主宰の推薦によるもので、主宰は「一年間の作品を拝見して、本年度の若葉賞には湯澤碧水氏を推すことにした」とあって、感激これにすぐるものないお言葉である。

その作品の一部は紹介申し上げているが、第六十二回伊勢の御遷宮を詠んだ作品が中心であり、この六十二回という回数と、この若葉賞が六十二回目という数字の一致が何やら因縁めいて嬉しく響いて来るのであった。

浪々子先生や三代にわたる主宰のご厚恩と同人誌友のご厚誼に感謝し、田舎暮らしの俳人でもあった父、そして母、今は亡き妻にも、さらに支えてくれた家族たちともこの喜びを分ち合いたい。

第十章　関係資料

靖國神社歴代宮司

（初代）

青山　清　文化十二年～明治二十四年二月六日

山口県出身

宮司奉職　明治十二年六月十六日～明治二十四年二月六日（在職中に帰幽）

（第二代）

賀茂水穂　天保十一年五月十二日年六月十一日～明治四十二年二月二十八日

静岡県出身、海軍軍人、旭日章従五位

宮司奉職　明治二十四年二月十七日～明治四十二年二月二十八日（在職中に帰幽）

（第三代）

賀茂百樹　慶応三年十月十三日～昭和十六年五月四日

山口県出身　神宮奉斎會広島本部長

宮司奉職　明治四十二年三月二十九日～昭和十三年四月二十一日

（第四代）

鈴木孝雄　明治二年十月二十九日～昭和三十九年一月二十九日

関宿（千葉県）藩士　鈴木由哲のもと東京に生まれ

大日本帝国陸軍軍人。軍事参議官、陸軍技術本部長、第十四師団長、砲兵監を歴

任し、階級は陸軍大将、勲一等、功三級、偕行社会長、鈴木貫太郎総理大臣実弟
宮司奉職　昭和十三年四月二十一日～昭和二十一年一月十七日

（第五代）
筑波藤麿　明治三十八年二月二十五日～昭和五十三年三月二十日
皇族　従三位勲一等侯爵
宮司奉職　昭和二十一年一月二十五日～昭和五十三年三月二十日（在職中に帰幽）

（第六代）
松平永芳　大正四年三月二十一日～平成十七年七月十日
越前松平家、東京都出身、大日本帝国海軍少佐、陸上自衛隊一等陸佐、昭和殉難者合祀。
宮司奉職　昭和五十三年七月一日～平成四年三月三十一日

（第七代）
大野俊康　大正十一年五月二十日～平成二十五年四月十六日
熊本県出身、九州帝国大学卒、肥後本渡諏訪神社宮司、熊本県神社庁長、本渡諏訪神社名誉宮司
宮司奉職　平成四年四月一日～平成九年五月二十日

（第八代）

湯澤　貞　昭和四年九月十日〜

栃木県出身、國學院大學卒、明治神宮奉職

宮司奉職　平成九年五月二十一日〜平成十六年九月十日

（第九代）

南部利昭　昭和十年九月十六日〜平成二十一年一月七日

盛岡県出身、南部藩四十五代当主

宮司奉職　平成十六年九月十一日〜平成二十一年一月七日（在職中に帰幽）

（第十代）

京極高晴　昭和十三年一月十八日〜

兵庫県出身、豊岡藩十五代当主、東京大学法学部卒

宮司奉職　平成二十一年六月十五日〜平成二十五年一月十八日

（第十一代）

徳川康久　昭和二十三年六月十三日〜

学習院大学卒

宮司奉職　平成二十五年一月十九日〜

昭和殉難者

いわゆる「A級戦犯」　昭和二十三年四月二十九日　起訴
昭和二十三年十二月二十三日　処刑執行
昭和五十三年十月十六日　合祀

（処刑七名）

板垣征四郎　明治十八年一月二十一日～
大日本帝国陸軍軍人。最終階級は陸軍大将。満州国軍政部最高顧問、関東軍参謀長、陸軍大臣などを務めた。関東軍高級参謀として石原莞爾とともに満洲事変を決行し、大東亜戦争においては第七方面軍司令官として終戦を迎えた。満六十三歳。

木村兵太郎　明治二十一年九月二十八日～
大日本帝国陸軍軍人、陸軍大将、関東軍参謀長。満六十歳。

土肥原賢二　明治十六年八月八日～
大日本帝国陸軍軍人、大日本帝国陸軍大将。情報戦略部門のトップとして満洲国建国および華北分離工作で活躍。満六十五歳。

東條　英機　明治十七年七月三十日～
大日本帝国陸軍軍人。政治家。階級は陸軍大将。位階は従二位。勲等は勲一等。功級は

功二級。陸軍大臣、内閣総理大臣（第四十代）、内務大臣（第六十四代）、外務大臣（第六十六代）、文部大臣（第五十三代）、商工大臣（第二十三代）、軍需大臣（初代）などを歴任した。満六十四歳。

松井　石根　明治十一年七月二十七日〜

大日本帝国陸軍軍人、中支那方面軍司令官兼上海派遣軍司令官、ハルピン特務機関長、陸軍大将。正三位、勲一等、功一級。ポツダム宣言受諾後、「南京事件」の責任を問われて極東国際軍事裁判（東京裁判）にて死刑判決。満七十歳。

武藤　章　明治二十五年十二月十五日〜

大日本帝国陸軍軍人、陸軍中将、比十四参謀長。満五十六歳。

廣田　弘毅　明治十一年二月十四日生〜

政治家、首相、外相、駐ソ大使、外交官。勲等は勲一等。外務大臣（第四十九代、第五十代、第五十一代、第五十五代）、内閣総理大臣（第三十二代）、貴族院議員などを歴任。文官では唯一の「A級戦犯」となり死刑となった。

（病死者七名）

梅津美治郎　帝国陸軍軍人関東軍　終身刑　昭和二十四年一月八日病死

小磯　國昭　帝国陸軍軍人　終身刑　昭和二十五年十一月三日病死

白鳥　敏夫　政治家　終身刑　昭和二十四年六月三日獄中にて病死
東郷　茂徳　政治家　禁固二十年　昭和二十五年病死
永野　修身　帝国海軍軍人　昭和二十二年一月五日病死
平沼騏一郎　政治家　終身刑　昭和二十七年八月二十二日病死
松岡　洋右　政治家　昭和二十一年六月二十七日病死

十四柱の昭和殉難者は松平永芳宮司の下、昭和五十三年十月十六日に合祀された。

（有罪および訴追免除十四名）
荒木　貞夫　帝国陸軍軍人　終身刑
大川　周明　思想家　訴追免除裁判停止
大島　浩　帝国陸軍軍人　終身刑
岡　敬純　帝国海軍軍人　終身刑
賀屋　興宣　政治家　終身刑
木戸　幸一　政治家　終身刑
佐藤　賢了　帝国陸軍軍人　終身刑
重光　葵　政治家　禁固七年

嶋田繁太郎　帝国海軍軍人　終身刑
鈴木　貞一　帝国陸軍軍人　終身刑
橋本欣五郎　帝国陸軍軍人　終身刑
畑　俊六　帝国陸軍軍人　終身刑
星野　直樹　政治家　終身刑
南　次郎　帝国陸軍軍人関東軍　終身刑

※起訴された二十八名というのは、設置した椅子の数が二十八脚だったために容疑の有無にかかわらず起訴されたという説もある。

靖國神社の年中行事

一月　一　日　若水奉奠、新年祭
一月　二　日　二日祭
一月　七　日　昭和天皇武蔵野陵遥拝式
一月　三十日　孝明天皇後月輪東山陵遥拝式
二月　十一日　建國記念祭
二月　十七日　祈年祭
四月二十一日
　　二十二日　春季例大祭
　　二十三日
六月二十九日　御創立記念日祭　献詠披講式
六月　三十日　大祓式
七月　十三日
　　十四日
　　十五日　みたままつり
　　十六日

七月　三十日　明治天皇伏見桃山陵遥拝式
十月　十七日　神宮神嘗祭遥拝式
十月　十七日
十八日
十九日
二十日
秋季例大祭
十一月　三日　明治祭
十一月二十三日　新嘗祭
十二月二十三日　天皇御誕辰奉祝祭
十二月二十五日　煤拂祭、大正天皇多摩陵遥拝式
十二月三十一日　大祓式、除夜祭

大鏡

本殿に鎮座する大鏡は御神体ではない。この大鏡は明治十年西南戦争戦歿者合祀臨時大祭において、明治天皇より賜った弊帛料によって製造されたものである。

御祭神

明治維新　七千七百五十一柱
西南戦争　六千九百七十一柱
日清戦争　一万三千六百十九柱
台湾征討　千百三十柱
北清事変　千二百五十六柱
日露戦争　八万八千四百二十九柱
第一次世界大戦　四千八百五十柱
済南事変　百八十五柱
満洲事変　一万七千百七十五柱
支那事変　十九万千二百二十柱
大東亜戦争　二百十三万三千七百七十八柱
合計　二百四十六万六千三百六十四柱

台湾出身者二万八千余柱、朝鮮出身者二万一千余柱の方々も合祀されており、女性の御祭神は約五万七千柱が合わせ祀られている。

平成十三年十月十七日時点

（靖國神社遊就館編集・発行『靖國神社遊就館』参照）

あとがき

平成二十七年八月十五日が来ると大東亜戦争終結七十年となる。

戦後、数年間にわたるＧＨＱの占領時代があり、その間ＧＨＱによって日本人は洗脳され、東京裁判史観、自虐史観を植えつけられた。そして、日本人が持つ本来の日本精神が失われていった。

終戦七十年は戦争を知らない時代の幕開けかもしれない。多くの日本人が血と涙で守った日本の国土をさらに永遠なるものとするための覚悟を新たにし、祖国防衛のために心血を注いだ靖國神社の忠霊に感謝の真心を捧げ、宮守る人として、今こそ心を一つにして靖國神社の忠霊に感謝の誠を尽くし、慰霊の道に邁進しようではないか。忠霊のご加護の願い切なるものがある。

本書が刊行できたのは、つれづれに記してきた雑文を、靖國會事務局長の沼山光洋氏が骨身惜しまず資料と共に収集してくれたお蔭である。また、展転社の荒岩宏奨編集長の緻密な編集のお蔭で体裁が整った。両氏の努力と協力に心から感謝の意を表して結びとする。

平成二十七年八月

湯澤　貞

写真提供：靖國神社、靖國會

湯澤貞（ゆざわ　ただし）

昭和４年生まれ。國學院大學卒業。明治神宮奉職を経て靖國神社に奉職。平成９年より宮司。平成16年に宮司定年により退任。
現在、靖國會総代を務め、忠霊の慰霊、顕彰、啓蒙活動を行っている。

靖國神社のみたまに仕えて

平成二十七年八月十五日　第一刷発行

著　者　湯澤　貞
発行人　藤本　隆之
発　行　展　転　社

〒157-0061　東京都世田谷区北烏山4-20-10
ＴＥＬ　〇三（五三一四）九四七〇
ＦＡＸ　〇三（五三一四）九四八〇
振替〇〇一四〇―六―七九九九二

印刷製本　中央精版印刷

定価［本体＋税］はカバーに表示してあります。

ISBN978-4-88656-417-7